Christoph Gottlieb Steinbeck

Der aufrichtige Kalendermann

Ein gar kurioses und nützliches Buch für die Jugend..., Zweiter Teil

Christoph Gottlieb Steinbeck

Der aufrichtige Kalendermann
Ein gar kurioses und nützliches Buch für die Jugend..., Zweiter Teil

ISBN/EAN: 9783743457515

Hergestellt in Europa, USA, Kanada, Australien, Japan

Cover: Foto ©Andreas Hilbeck / pixelio.de

Manufactured and distributed by brebook publishing software (www.brebook.com)

Christoph Gottlieb Steinbeck

Der aufrichtige Kalendermann

Der

hundertjährige

Kalender

ohne

Schnurrpfeifereien.

Ein

Volksbuch

vom Verfasser

des aufrichtigen Kalendermannes.

Gera 1795

in der Expedizion der deutschen Volkszeitung, und
bei Wilhelm Heinsius.

Ein Contrakt.

Dieses Büchlein koſtet, von dieſer Auflage, bei uns 4 Groſchen ſächſ. oder 18 Kreuzer rhein.: jedoch unter der ausdrücklichen Bedingung, daß es kein Käufer deſſelben, geſchweige ſonſt jemand (der es z.E. geſanden, abgeſchrieben, geborgt, geſchenkt bekommen, geerbet, als gekaufet, in einer Auction erſtanden oder irgend auf eine andere recht oder unrechtmäßige Art erhalten hat) ohne unſer Wiſſen und Willen, weder verändert oder überſetzt, noch unverändert weder mit den vorſtehenden noch mit einem andern Titel nachdrucket oder nachdrucken läßt es ſei denn daß derjenige, der es thut oder thun läſſet, uns den Betrag von Siebent uſend Exemplarien deſſelben binnen Zwei Monathen — von Fertigung ſeines Nachdrucks an gerechnet — baar — ohne allen möglichen Abzug und ohne alle Ausflüchte, vergüten, mit ſeinem geſammten Mobiliar- und Immobiliarvermögen dafür haften, auch — im Fall die Zahlung dieſes Betrags an uns, zur geſetzten Friſt, nicht geſchehen ſollte — für alle bei ſeinem Foro ſowohl, als ſonſt dadurch entſtehende Judicial- und Extrajudicialkoſten ſtehen wollte. Wer es alſo thut, oder thun läßt, iſt dadurch dieſe Bedingung vollkommen eingegangen, und wer uns ſo einen Mann, mit gehöriger Legitimation ſeiner ſelbſt, überzeugend bekannt macht, auch nöthigen Falls, wenn wirs verlangen, vor Gerichten zureichenden Beweiß gegen ihn führt, ſoll von obigen Quanto 100 Thaler erhalten, und das Verfahren der geſammten Gerichtsſtellen und Obrigkeiten dabei, vor welche die Sache kommen ſollte — dem Publiko, zu ihrer Ehre oder Schande, — wie ſie es nämlich verdienen, von Schritt zu Schritt, vorgelegt werden. Wer aber von dieſem Kontrakte, beim Kauf des Buchs, nichts wuſte, und es deswegen nicht behalten will, der ſchike es nur unbeſchädigt an uns zurücke, und er ſoll nicht nur ſein Kaufgeld poſtfrei wieder erhalten, ſondern auch dem Publiko als ein ſehr akkurater Mann empfohlen werden. Uebrigens verſprechen wir aber jedem, der ſich wegen des Vertriebs des Buchs an uns wendet, gute Bedingungen. Geſchrieben Gera, im Voigtlande den 16. April 1795.

Die Expedizion der deutſchen Volkszeitung daſelbſt.

G. Steinbeck. W. Heinſius.

Dieſes Blatt kommt gleich nach den Titel.

An mein schätzbares Publikum.

Hier ist endlich der versprochne hundertjährige Kalender ohne Schnurrpfeifereien, in dem alles vollends erörtert wird, was zur vernünftigen Einsicht ins Kalenderwesen gehört, und im aufrichtigen Kalendermanne, (dem ersten Theile dieses Büchleins) noch nicht erörtert wär. — Es erfahren meine meine schätzbaren Leser, die es noch nicht wissen, also darinnen, was das für Dinge sind der Sonntagsbuchstabe — der Sonnenzirkel — die Epackten oder der Mondenzeiger — die Indiktion oder der Römer Zinnszahl, u. s. w. Sie finden, was es für eine Bewandniß hat mit dem alten, oder julianischen — mit dem neuen oder gregorianischen und mit dem verbesserten oder allgemeinen Reichskalender. Sie sehen, wie ein Kalender auf ein gewisses Jahr gemacht wird, und erhalten Anweisung, sich ihn auf iedes Jahr, zu Ihren Vergnügen selbst zu machen.

Ferner finden Sie, über Aderlassen, Schröpfen, Purgiren, Schwitzen und Kinderent=

berentwöhnen, weil zu diesen Sachen in den gewöhnlichen Kalendern, durch gewisse Zeichen, in den Tag hinein, Veranlassung gegeben, und dadurch schrecklicher Schaden angerichtet wird, den besten Unterricht. Vorher erhalten Sie überhaupt, über Gesundheitspflege, Quacksalberei, Hausmittel u. d. m. die vortreflichste Belehrung. — Dies alles aber nicht von mir, sondern von einem Arzte, der darzu gebohren zu seyn scheinet, das Volk zu lehren die heilige ehrwürdige Kunst seinen Mitmenschen von Krankheiten zu erlösen oder gegen dieselben zu sichern, mit ganz andern Augen zu betrachten, von einem meiner würdigsten Freunde dem Leibarzte Sr. Durchl. des Prinzen Johann Adolph von Sachsen Gotha Herrn Dr. Daniel Collenbusch in Eisenberg — der schon durch meine deutsche Volkszeitung seine eigenen aber vortreflichen Grundsätze in einer Abhandlung über die Hypochondrie an den Tag gelegt hat, und nächstens einen Krankheitskatechismus für das deutsche Volk liefern wird, welchen gewissermaßen kein Mensch entbehren kann, der nicht selbst Arzt ist, oder einen Freibrief wider alle Krankheiten in Händen hat. Ich halte es daher für die größte Pflicht, mein ganzes Publikum im voraus aufmerksam zu

)(5   machen

machen auf dieses wichtige Volksbuch, von dem ich ehestens in der Volkszeitung ein Probestück mittheilen werde.

Doch wieder zur Sache. Bei denen, die auf dieses Büchlein voraus bezahlt haben, muß ich um Verzeihung darüber bitten, daß ich kein Titelkupfer für sie beigelegt, ferner daß die Witterungslehre nicht ausgeführt ist, dann, daß die Bauerregeln fehlen, und endlich, daß das Buch so spät erscheinet. An dem ersten ist ein Umstand schuld, den ich zu eines gewissen Mannes Ehre hier verschweigen will. — Von dem zweiten liegt der Grund im gänzlichen Mangel an Raume, von dem dritten neben jenem darinne, daß mir (einen einzigen würdigen sächsischen Landschullehrer ausgenommen) kein Mensch, ohnerachtet ich sie zu bezahlen versprach — einen Beitrag geliefert hat — Die verspätete Erscheinung aber rühret von überhäuften Arbeiten her, welche mir, seit einem Jahre, die Anlegung und nun die Herausgabe der deutschen Volkszeitung zugezogen hat. —

Nun nur noch etwas von den ewigen Handkalender, der auf der 44sten Seite dieses Buchs schon angekündigt ist. Er ist, in der Handschrift, schon ganz fertig, und kommt, noch vor Pfingsten unter die Presse Für Archivare, Geschichtsforscher und Geschicht-

schichtsfreunde, für geistliche und weltliche
Gerichtshöfe, und für Handlungscomtoire
ist er fast unentbehrlich. Mehr will ich itzt
nicht sagen. Die Idee darzu danke ich Rü=
digers immerwährenden Kalender (Leipzig 1789
grs. bei Schwickert 20 gr. sächsl. oder 1 Gulden 30 Kr.

Doch wird er ganz anders als dieser. Bis
Johannis soll in der Expedizion der deutschen
Volkszeitung auf demselben 12 Groschen
sächsl. oder 54 Kr. rhein. Pränumeration
angenommen werden — nachher kostet er
aber — aufs Wort — 18 Groschen sächsl.
oder 1 Gulden 21 Kr. rheinl. Freuen will
ich mich, wenn gegenwärtiges Büchlein eben
so gut, als der Kalendermann aufgenom=
men werden wird.

Gera, den 16ten April
1795.

Steinbeck.

Erstes Gespräch,

in welchem August erzählt, wie es ihm gegangen, und was
er vom Kalenderwesen schon weiß — dann festgesetzt wird,
was er davon noch erfahren soll.

....

Aug. Sie können nicht glauben, wie sehr
ich mich freue, daß Sie von Ihrer Reise, glücklich
wieder bei uns angekommen sind.

Kalm. Ach! mir ists selbst recht wohl zu Muthe,
daß ich wieder zu Hause, bei den Meinen bin.

Aug. Tausendmahl habe ich an Sie gedacht, und
hundertmahl Streit über Sie gehabt.

Kalm. Streit? Wie so?

Aug. Nun Sie wissen doch noch, daß Sie, vor
Ihrer Abreise, anfingen, mir einen ausführlichen
Unterricht übers Kalenderwesen zu geben? Sie erinnern sich doch noch, was Sie mir damahls z.
E. von dem Laufe der Sonne, der Planeten und
des Mondes, von der eigentlichen Beschaffenheit ihres täglichen Auf- und Unterganges — von den
verschiedenen Jahreszeiten und Tageslängen — von
den himmlischen Zeichen — von dem, was es heißt:
heute tritt die Sonne in so ein Zeichen, z. E. in
den Löwen — von dem, was darunter zu verstehen

ist, wenn der Unwissende spricht: heute regiert so ein Zeichen, z. E. der Krebs — von dem Recht- und Rücklaufe der Planeten — von Gedritt- Geviert- Gesechstscheinen, von Zusammenkünften und Gegenscheinen, von Drachenschwänzen, und Drachenköpfen —. von Aspekten und ihrem Einflusse — vom Mondeswechsel — von Sonnen- und Mondfinsternissen — und von der schönen Art, wie die gewöhnlichen Kalender meistens gemacht werden, gesagt haben? Das erinnern Sie sich doch noch?*)

Kalm. Warum denn nicht? Das hat Ihm aber doch keinen Streit zugezogen?

Aug. Ja wohl!

Kalm. Das wüßt' ich doch nicht.

Aug. Sie wissen doch, wie die Leute, mit den unser einer zu thun hat, sind. — Was sie in ihrer Jugend, etwa von ihrer seeligen Grosmutter gehört haben, dabei bleiben sie, es mag wahr oder falsch sein, und was sie nicht mit den Händen greifen können, das glauben sie auch nicht, sobald es vernünftig ist. Hexengeschichten, Teufelskomödien, Verbannungsgeschichten, Fabeln von bezauberten Schlössern und Prinzen kann man aussinnen, und ihnen erzählen, die glauben sie, wenn

*) Dies alles ist, wie bekannt, in dem Buche: der aufrichtige Kalendermann, wovon, zur Zeit, die zte rechtmäsige Auflage in allen Buchhandlungen Deutschlands zu haben ist, so deutlich gemacht, daß es jedes Kind verstehen kann.

wenn sie auch noch widersinniger wä-
ren, wenn man ihnen aber z. E. eine gewisse Einrichtung in der Natur, noch deutlicher und begreiflicher machet, — daß sie so und nicht anders ist,
noch handgreiflicher beweißt, so glauben sie es
doch nicht. So ist mirs gegangen, wenn ich jemanden sagte, und beweisen wollte, daß die Sonne beständig auf einem Flecke stehen bleibe,
im Gegentheil die Erde sich alle 24 Stunden einmahl um sich selbst herum drehe — und dadurch sich jährlich einmahl um die Sonne herumwin-
de. *) Das will unter Zehnen kaum Einem in den
Kopf. Die meisten sprechen: das glaub ich nicht —
durchaus nicht, meintwegen mags glauben und
sagen wer da will — denn wir bleiben ja immer auf
einem Flecke.

Kalm. Ganz natürlich — weil sich die g a n z e
Erde drehet. — Würde unser Dorf a l l e i n
taglich einmal um die Erde herum laufen, so würden wir freilich alle Augenblicke in eine andere Gegend kommen: so aber ist das ohnmöglich, denn,
indem unser Dorf itzt, gegen diejenigen
Sterne gerechnet, die gerade über unserm Kopfe stehen —, gegen Morgen zu
fortrücket — so rücken ja alle andere Gegenden vor
uns auch fort — und zwar in eben der Geschwin-

A 2　　　　dig-

*) Im 5ten, 6ten, und 10ben Gespräche im aufrich-
tigen Kalendermanne ist dieses ausführlich dar-
gethan.

digkeit fort. Wir jagen gleichsam, die Gegenden vor uns, holen sie aber niemals ein —
kommen also auch nie in andre Gegenden — Wenn
wir aber auf dem Himmel über uns Achtung geben —
so haben wir immer andre Sterne gerade über
uns —

Aug. Und dies ist eben, wie ich glaube, der
sicherste Beweis, daß sich die Erde drehet. —
Es kanns auch niemand widerlegen, aber glauben, wills auch kaum der Zehnde.

Kalm. Je nun, wer der Wahrheit kein Ge-
hör geben — keine Gründe annehmen will,
den muß man bei seinem Starrkopfe lassen und be-
dauren.

Aug. Ja wohl, das hab ich auch jederzeit gethan. Nirgends ist mirs aber närrischer gegangen
als vor ohngefähr 8 Wochen, in Ochsenhausen, bei
einer Hochzeit — wo dieser Discours auch aufs Tap-
pet kam, und ich den Stillstand der Sonne auch
vertheidigte, und zwar so lebhaft, daß ich darüber
mit 5 Bauern zusammen kam, und, wenn ich keine Schläge haben wollte, endlich ausreißen mußte.

Kalm. Armer August! Ich habe Ihm, auf
diese Art, durch meinen Unterricht, wahre Noth
gemacht.

Aug. O die Noth mag hingehen; die rührt
mich nicht — Aber über unsre alte Schulmeisterin
habe ich mich tüchtig geärgert.

Kalm. Warum denn über diese?

Aug.

Aug. Je die hat, (Sie waren kaum abgerei-
set) einen erschrecklichen Larm, über Sie im Dorfe
angerichtet.

Kalm. Ueber mich? Wie denn so?

Aug. Sie hat uns damahls behorcht, da Sie
mir die Stelle aus dem Buche Josua, (wo es
heist: Sonne stehe stille) erklärten, und zeigten,
daß der General Josua das Buch, das wir unter
seinem Namen, in der Bibel haben, nicht selbst,
sondern ein anderer über 350 Jahre nach seinem
Tode erst geschrieben habe, daß sich der General Josua geirrt hat, wenn er glaubte, die Sonne
laufe, und daß uns der Verfasser des Buchs Josua diesen Irrthum erzähle, wie andre biblische
Verfasser, von andern Menschen die größten Laster
erzählten, ohne deswegen daran Theil zu nehmen. *)

Kalm. Ganz recht.

Aug. Dies alles hat nun, wie gesagt, das alte Weib gehört, und Sie darüber zu einen Bi-
belverdreher, zu einen Neuling, zu einen Ke-
zer, und Gott weiß, zu was noch mehr gemacht —
ist im Dorfe, wie rasend herum gelaufen, hat alle Leute gegen Sie aufgehetzt, ja, wie man sagt,
so soll sie bei dem gnädigen Herrn von Brav so
gar eine Bittschrift deswegen eingegeben haben,
daß er Sie sobald Sie wiederkämen, auf der einen
Seite die Haare vom Kopfe abschneiden lassen möch-

A 3 te,

*) Im 9ten Gespräche, im aufrichtigen Kalenderman
ist dies alles bewiesen.

te, damit Sie jedermann gleich kenne, und sich jeder ehrliche Christe für Sie zu hüten im Stande sei.

Kolm. Die arme Frau dauert mich wirklich.

Aug. Ach was bedauern, was bedauern, wenn ich an Ihrer Stelle wäre, so wollte ich ihr's schon anstreichen lassen.

Kalm. Gott bewahre! Man muß solchen Unsinn jedem Menschen, geschweige denn einem alten Weibe verzeihen, das vom Bibelauslegen und Bibelverdrehen eben so wenig, als ein Affe vom Orgelspielen verstehet.

Aug. Da haben Sie wohl recht. Doch a propos *) Sie waren ja so gütig und versprachen mir, bei Ihrer Abreise: wenn Sie wiederkämen, einen hundertjährigen Kalender mit zu bringen, in dem alles übrige, vom Kalenderwesen, das Sie mir damahls nicht erklärten, vollends deutlich gemacht werden sollte, darf ich mir denselben ausbitten?

Kalm. Ja bester August! Diesmal konnte ich mein Versprechen nicht halten, denn so viel Mühe ich mir auch gegeben habe, so bin ich doch nicht im Stande gewesen, so einen hundertjährigen Kalender zu finden, worinnen das gestanden hätte, was Er von mir erwartet.

Aug. Sie wollten mir ja selbst einen machen?

Kalm. Dazu hat mir, bis izt, die Zeit gefehlet,

*) Diese französische Redensart bedeutet, bei uns Deutschen gemeiniglich eben so viel, als: damit wir nicht ein's in's andre reden.

fehlet, wenn er aber Luft hat, so will ich Ihm nunmehro das, was ich Ihm vor meiner Reife, vom Kalenderwefen noch nicht gefagt habe, mündlich erklären, unfre Gefpräche darüber auffchreiben, und fo den hundertjährigen Kalender in Seiner Gefellfchaft verfertigen. Ift er's zufrieden?

Aug. O fagen Sie mir nur, wie Sie fo fragen können. Das follen mir wieder angenehme Stunden fein, die ich bei Ihrem Unterrichte zubringen werde.

Kalm. Was will Er denn eigentlich übers Kalenderwefen noch wiffen?

Aug. Was das für Dinge find: die Sonntagsbuchftaben — der Sonnenzirkel, der Mondenzirkel oder die goldne Zahl — die Epaften, oder der Mondenzeiger — die Indiktion, oder der Römer Zinßzahl — ferner: wie es eigentlich mit dem alten oder julianifchen, mit dem neuen oder gregorianifchen und dem verbefferten Kalender befchaffen ift — wie ein Kalender gemacht wird — Dann wollten Sie mir Ihre Meinung über die fogenannten Erwählungen, nämlich über die ♣, ♀, ●, ♓, ♀, ☽, ∴, ♒, u. f. w. entdecken, und fagen, an welchen Zeichen ein Menfch eigentlich und wirklich fehen könne, ob es heute für ihn gut oder böfe fei, Aderzulaffen, zu purgiren, und dergl. ferner: wornach man auf einige Zeit die verfchiedenen Veränderungen der Witterung vorherfagen könnte.

te.   Auch versprachen Sie mir, mich mit einigen
alten Bauernregeln bekannt zu machen.

Kalm. Dies alles soll geschehen.   Morgen wollen wir anfangen, denn heute habe ich unsern Herrn
Pfarrer noch zu besuchen versprochen.

Aug. Wenn befehlen Sie, daß ich morgen
kommen soll?

Kalm. Gegen Abend.

Aug. O wenn es doch schon morgen wär!

Zweites Gespräch,

über die sogenannten Sonntagsbuchstaben in jedem
Jahre.

Aug. Ich bin schon da!

Kalm. Schön!   Ich sehe daraus, daß Er Lust
hat, mit dem Kalenderwesen vollends ganz bekannt
zu werden, und will daher von meiner Seite, auch
alles mögliche thun.

Aug. Das weiß ich schon.   Sagen Sie mir
nur gleich, was das für Dinge sind: die Sonntagsbuchstaben.

Kalm. Sie sind ein Handwerksvortheilchen der
Herren Kalendermacher, wodurch sie mit einem
Mahle sehen, auf welche Monathstage durchs

ganze

ganze Jahr hindurch alle Wochentage hauptsächlich alle Sonntage fallen.

Aug. Wie meinen Sie das eigentlich?

Kalm. Nehm Er einmahl den Kalender auf das Jahr 1794 zur Hand. Nicht wahr, nach demselben, fällt der 1ste, 8te, 15de, 22ste und 29ste Jan., also alle diese itzt erwähnten 5 Monathstage auf denjenigen Wochentag, den wir Mittwoche nennen.

Aug. Wie ich nicht anders sehe.

Kalm. Aber nun geb' er einmahl Achtung, übers Jahr, also 1795 werden alle diese 5 Monathstage auf den Donnerstag, in 2 Jahren, also 1796, auf den Freytag, in 3 Jahren, also 1797 auf den Sonntag, und so alle Jahre auf andre Wochentage fallen.

Aug. Ganz natürlich, weil das Jahr nicht immer an einem und demselben Wochentage, sondern bald den Mondtag, bald den Sonnabend anfängt.

Kalm. Richtig, deswegen fallen nun aber auch die Sonntage, von Jahre zu Jahre immer auf andre Monathstage. In diesem Jahre (1794) ist z. E. der 13de Julius ein Sonntag, und in 3 Jahren, also 1797 wird er — nämlich der 13 Julius, ein Donnerstag sein. Und wie es mit diesem einzigen ist, so ist es mit allen 365 oder 366 Monathstagen, aus dem ein Jahr bestehet.

Aug.

Aug. Sehr begreiflich, denn wenn **einer** fortrückt, so müssen die andern alle nachrücken.

Kalm. Um nun zu wissen, auf welche Monathstage im Jahre der Sonntag und die übrigen 6 Wochentage fallen, hat man die sieben ersten Buchstaben aus dem Abc, nämlich A. B. C. D. E. F. und G. genommen, und, vom ersten Januar an bis zum letzten December, zu jeden Monathstage, der Reihe nach, einen davon hinzugeschrieben,

zum	1sten	Jan. das	A.
—	2ten	— —	B.
—	3ten	— —	C.
—	4ten	— —	D.
—	5ten	— —	E.
—	6ten	— —	F.
—	7ten	— —	G.
—	8ten	wieder das	A.
—	9ten	— —	B.

u. s. w. durchs ganze Jahr hindurch, wie er aus der Tabelle, die ich Ihm hier gebe, deutlicher sehen wird.

Aug. Richtig, da stehet, durchs ganze Jahr hindurch neben allen Monathstagen einer von jenen 7 Buchstaben.

Kalm. Aus dieser Tabelle kann er nun auf eine sehr leichte Art sehen, auf welche Monathstage durchs ganze Jahr hindurch die Sonntage fallen, und dies muß Er zu allererst wissen, wenn Er einen Kalender machen will.

Aug.

Zu Seite 10.

Sonntagsbuchstabentabelle.

Jan.	Februar	Februar	März	April	Mai	Junius	Julius	August	Sept.	October	Nov.	Dec.
1. A.	1. D.	1. D.	1. D.	1. G.	1. B.	1. E.	1. G.	1. C.	1. F.	1. A.	1. D.	1. F.
2. B.	2. E.	2. E.	2. E.	2. A.	2. C.	2. F.	2. A.	2. D.	2. G.	2. B.	2. E.	2. G.
3. C.	3. F.	3. F.	3. F.	3. B.	3. D.	3. G.	3. B.	3. E.	3. A.	3. C.	3. F.	3. A.
4. D.	4. G.	4. G.	4. G.	4. C.	4. E.	4. A.	4. C.	4. F.	4. B.	4. D.	4. G.	4. B.
5. E.	5. A.	5. A.	5. A.	5. D.	5. F.	5. B.	5. D.	5. C.	5. C.	5. E.	5. A.	5. C.
6. F.	6. B.	6. B.	6. B.	6. E.	6. G.	6. C.	6. E.	6. A.	6. D.	6. F.	6. B.	6. D.
7. G.	7. C.	7. C.	7. C.	7. F.	7. A.	7. D.	7. F.	7. B.	7. E.	7. G.	7. C.	7. E.
8. A.	8. D.	8. D.	8. D.	8. G.	8. B.	8. E.	8. G.	8. C.	8. F.	8. A.	8. D.	8. F.
9. B.	9. E.	9. E.	9. E.	9. A.	9. C.	9. F.	9. A.	9. D.	9. G.	9. B.	9. E.	9. G.
10. C.	10. F.	10. F.	10. F.	10. B.	10. D.	10. G.	10. B.	10. E.	10. A.	10. C.	10. F.	10. A.
11. D.	11. G.	11. G.	11. G.	11. C.	11. E.	11. A.	11. C.	11. F.	11. B.	11. D.	11. G.	11. B.
12. E.	12. A.	12. A.	12. A.	12. D.	12. F.	13. B.	12. D.	12. G.	12. C.	12. E.	12. A.	12. C.
13. F.	13. B.	13. B.	13. B.	13. E.	13. G.	13. C.	13. E.	13. A.	13. D.	13. F.	13. B.	13. D.
14. G.	14. C.	14. C.	14. C.	14. F.	14. A.	14. D.	14. F.	14. B.	14. E.	14. G.	14. C.	14. E.
15. A.	15. D.	15. D.	15. D.	15. G.	15. B.	15. E.	15. G.	15. C.	15. F.	15. A.	15. D.	15. F.
16. B.	16. E.	16. E.	16. E.	16. A.	16. C.	16. F.	16. A.	16. D.	16. G.	16. B.	16. E.	16. G.
17. C.	17. F.	17. F.	17. F.	17. B.	17. D.	17. G.	17. B.	17. E.	17. A.	17. C.	17. F.	17. A.
18. D.	18. G.	18. G.	18. G.	18. C.	18. E.	18. A.	18. C.	18. F.	18. B.	18. D.	18. G.	18. B.
19. E.	19. A.	19. A.	19. A.	19. D.	19. F.	19. B.	19. D.	19. G.	19. C.	19. E.	19. A.	19. C.
20. F.	20. B.	20. B.	20. B.	20. E.	20. G.	20. C.	20. E.	20. A.	20. D.	20. F.	20. B.	20. D.
21. G.	21. C.	21. C.	21. C.	21. F.	21. A.	21. D.	21. F.	21. B.	21. E.	21. G.	21. C.	21. E.
22. A.	22. D.	22. D.	22. D.	22. G.	22. B.	22. E.	22. G.	22. C.	22. F.	22. A.	22. D.	22. F.
23. B.	23. E.	23. E.	23. E.	23. A.	23. C.	23. F.	23. A.	23. D.	23. G.	23. B.	23. E.	23. G.
24. C.	24. F.	24. F.	24. F.	24. B.	24. D.	24. G.	24. B.	24. E.	24. A.	24. C.	24. F.	24. A.
25. D.	25. G.	25. G.	25. G.	25. C.	25. E.	25. A.	25. C.	25. F.	25. B.	25. D.	25. G.	25. B.
26. E.	26. A.	26. A.	26. A.	26. D.	26. F.	26. B.	26. D.	26. G.	26. C.	26. E.	26. A.	26. C.
27. F.	27. B.	27. B.	27. B.	27. E.	27. G.	27. C.	27. E.	27. A.	27. D.	27. F.	27. B.	27. D.
28. G.	28. C.	28. C.	28. C.	28. F.	28. A.	28. D.	28. F.	28. B.	28. E.	28. G.	28. C.	28. E.
29. A.	Für ein	Für ein	29. D.	29. G.	29. B.	29. E.	29. G.	29. C.	29. F.	29. A.	29. D.	29. F.
30. B.	gemeines	Schalt-	30. E.	30. A.	30. C.	30. F.	30. A.	30. D.	30. G.	30. B.	30. E.	30. G.
31. C.	Jahr.	jahr.	31. F.		31. D.		31. B.	31. E.		31. C.		31. A.

Aug. Das glaub ich wohl, aber wie ich, aus dieser Tabelle sehen soll, welche Monathstage im Jahre Sonntage sind, wüßt ich doch nicht.

Kalm. Wie gesagt: sehr leichte. Er muß nämlich erstlich Achtung geben, auf welchen Mo„nathstag der erste Sonntag im Jahre fällt, „ob auf den 1sten, 2ten, 3ten, 4ten, 5ten, 6ten „oder 7ten Januar. Wenn er dies weiß, so muß „Er zweitens sehen, was für ein Buchstabe, „nebm diesem Tage stehet, an welchem der „erste Sonntag ist, und nun weiß Er mit einem Mahle alle die Monathstage, durchs ganze „Jahr hindurch, an welchen es Sonntag ist, denn „alle die Monathstage, neben welchen nun „jener Buchstabe in der Tabelle wieder „stehet, das sind lauter Sonntage in die„sen Jahre. "

Aug. Das wäre doch kurios.

Kalm. Wart Er nur, ein Beispiel solls Ihm gleich sichtbar machen. Das gegenwärtige 1794ste Jahr schließt sich mit einer Mittwoche, der 1ste Jan. des kommenden 1795sten fällt also auf einen Donnerstag — der 2te, auf einen Freitag, der 3te, auf einen Sonnabend, der 4te, auf einen Sonntag. Und das ist doch wohl der erste Sonntag im Jahre 1795?

Aug. Ganz natürlich.

Kalm. Was für ein Buchstabe stehet nun aber in der Tabelle, neben dem 4ten Januar, als

dem=

demjenigen Tage, an welchem der erste Sonntag
des Jahres 1795 fällt?

Aug. Ein D.

Kalm. Dieser Buchstabe D zeiget nun durch
das ganze Jahr 1795 hindurch, an welchen Monathstagen es Sonntag ist, denn alle die Tage, neben welchen, in der Tabelle ein D stehet, das sind
in diesem Jahre Sonntage.

Aug. Und dieser Buchstabe D heißt nun gewiß
der Sonntagsbuchstabe für dieses Jahr?

Kalm. Richtig — weil er mir nämlich, auf
eine so leichte Art, mit einem Mahle zeigt, auf
welche Monathstage im Jahre die Sonntage fallen. Wenn ich aber dies einmahl weiß, so ist ja
auch ganz leichte, anzugeben, auf welche Monathstage, die übrigen Wochentage fallen. Für das
Jahr 1795 schreib ich nämlich zu allen den Tagen,
wo in der Tabelle ein D stehet: Sonntag. Wenn
dies geschehen ist, so setze ich nun zu denjenigen Monathstagen, die zwischen jeden dieser Sonntage
fallen, die Wochentage, in ihrer gewöhnlichen
Ordnung, hinzu; und ich bin denn fertig —
Der Grund zum ganzen Kalender ist gelegt. In
der Tabelle steht z. E. bei dem 5ten April ein D.
der ist also 1795 ein Sonntag. Der 6te
daher ein Montag, der 7te ein Dienstag,
der 8te eine Mittwoche, der 9te ein Donnerstag, der 10te ein Freytag, der 11te ein
Sonnabend, der 12te wieder ein Sonntag, u.
f. w.

so w. durchs ganze Jahr hindurch von einem Sonntag zum andern.

Aug. Wenn nun aber das Neujahr akkurat auf einen Sonntag fällt?

Kalm. Je nun, so ist ganz natürlich dies der erste Sonntag im Jahre, und der Buchstabe A. in so einem Jahre, z. E. 1797 der Sonntagsbuchstabe, das heist: In so einem Jahre fallen die Sonntage auf alle die Tage, neben welchen, in der Tabelle, ein A stehet. Kurz, derjenige Buchstabe, der in einem Jahre der Sonntagsbuchstabe heist, zeigt nur in der Tabelle, an welchen Tagen in diesem Jahre, Sonntag ist.

Aug. Aber hier habe ich den Kalender auf das Jahr 1792, da stehen vorn zwei Sonntagsbuchstaben, für dieses Jahr, nämlich A und G. Wie gehet das zu?

Kalm. Das Jahr 1792 war ein Schaltjahr — alle Schaltjahre haben aber zwei Sonntagsbuchstaben. Das Jahr 1796 wird z. E. wieder ein Schaltjahr sein, also auch zwei Sonntagsbuchstaben haben, nämlich C und B.

Aug. Warum aber das?

Kalm. Das kommt von demjenigen Tage her, welcher, im Februar so eines Jahres, eingeschaltet wird.

Hundertj. Kal.   B   Aug.

Aug. Welches ist denn eigentlich der Schalttag?

Kalm. Der 25ste Februar. Dieser Tag gehört eigentlich nicht in das Jahr, hat daher, in der Tabelle (in der andern Reihe des Februars) auch keinen eigenen Buchstaben, sondern wird mit dem nämlichen Buchstaben bezeichnet, mit welchem der 24ste bezeichnet war, nämlich mit einem F. Sieh Er nach!

Aug. Ganz gut, aber ich kann nur nicht einsehen, warum deswegen so ein Jahr zwei Sonntagsbuchstaben haben muß.

Kalm. Das geht sehr natürlich zu, wie ich Ihm an einem Beispiele, nämlich an dem Jahre 1796 zeigen will. In diesem Jahre wird der erste Sonntag auf den 3ten Januar fallen. Was steht nun in der Tabelle, neben dem 3ten Januar für ein Buchstabe?

Aug. Ein C — Alle die Tage, neben welchen in der Tabelle, ein C stehet, sind also in diesem Jahre 1796 Sonntage — Nicht wahr?

Kalm. Nein — nur bis zum 24sten Februar zeigt mir diesmahl das C die Sonntage an.

Aug. Warum denn aber das?

Kalm. Weil dann der Schalttag kommt, und dieser zwar seinen eigenen Wochentag (diesmahl den Donnerstag) wegnimmt, aber doch keinen eigenen Tagesbuchstaben, in der Tabelle hat.

Aug. Ich kann's immer noch nicht recht begreifen.

Kalm.

Kalm. Es soll Ihm gleich deutlicher werden. C
ist also 1796 der erste Sonntagsbuchstabe — in
diesem Jahre ist demnach, den 3ten, 10ten, 17ten,
24sten, und 31 Januar, ferner den 7ten, 14ten,
und 21sten Februar Sonntag, denn bei allen diesen Tagen, stehet in der Tabelle ein C.

Aug. Ganz recht.

Kalm. Nun wollen wir aber sehen, ob die nun
folgenden Sonntage (nach der zweiten Reihe des
Februars) in der Tabelle, auch wieder auf die Tage
fallen, neben welchen ein C stehet.

Der 21 Febr. ist also ein S o n n t a g und hat C.
— 22 — — — Mondtag — — D.
— 23 — — — Dienstag — — E.
— 24 — — — Mittwoche und hat F.
— 25 — der Schalttag, ist Donnerst. u. hat wieder F.
— 26 — ist ein Freytag und hat G.
— 27 — — — Sonnabend — — A.
— 28 — wieder ein S o n n t a g, hat aber ein B.
Siehts Er's? Nicht C, sondern B hat er in der
Tabelle.

Aug. Ei ich sehe es gar wohl.

Kalm. Von hier an zeigt also das B die
Sonntage für den übrigen Theil des Jahres in
der Tabelle an, denn nunmehro fallen die S o n n.
t a g e auf den 28sen Febr. (in der 2ten Reihe
der Tabelle) auf den 6ten, 13ten, 20sten, 27sten
März u. s. w. kurz auf lauter Tage, die in der
Tabelle mit B bezeichnet sind. Das Schaltjahr

1796 hat also auf eine ganz natürliche Art zwey Sonntagsbuchstaben. Nicht wahr?

Aug. Mehr als zu natürlich.

Kalm. Und so ists überhaupt mit allen Schalt-jahren — alle Sonntage rücken in der Tabelle vom 25ten Febr. an, um einen Buchstaben zurück.

Fallen sie bis zum 24sten Febr. auf die Tage, welche in die Tabelle bezeichnet sind mit	so fallen sie vom 25 Febr. an auf die Tage, neben welche in der Tabelle siehet, ein
A,	G.
B	A
C	B
D	C
E	D
F	E
G	F

und dies einzig und allein deswegen, weil der 24ste und der 25ste, also zwei Tage, nur Einen Buchstaben haben.

Aug. Aber nun sagen Sie mir doch, wenn ich nun einen Kalender auf ein gewisses Jahr, ma-chen will, und ich weiß nicht, an welchem Wo-chentage dieses Jahr anfangen wird, ob an einer Mittwoch, Donnerstag, Freitag, oder Sonn-abend — so kann ich ja also auch nicht wissen, auf welchen

welchen Tag der erste Sonntag in diesem Jahre fällt, ob auf den 5ten, 4ten, 3ten oder 2ten Januar — und wenn ich dieß nicht weiß, sodann ich ja auch nicht angeben, welcher Buchstabe in der Tabelle mir die übrigen Sonntage durchs ganze Jahr hindurch anzeiget. Wenn ich z. E. itzt schon einen Kalender auf das Jahr 1866 machen sollte, wie kann ich denn wissen, was für ein Buchstabe, in der Tabelle, mir, für das Jahr 1866, die Sonntage anzeigen wird?

Kalm. Dazu hat man verschiedene Wege, die ich Ihm bekannt machen will.

Vor allen Dingen muß man sehen, ob dasjenige Jahr, zu dem ich den Sonntags=buchstaben wissen will, ein gemeines = oder ein Schaltjahr ist, ob es also nur Einen oder Zwei Buchstaben hat, welche mir in der Tabelle, die Sonntage angeben.

Weiß Er schon, wie man's macht, wenn man wissen will, ob ein gewisses Jahr ein Schaltjahr ist oder nicht?

Aug. Nein.

Kalm. Das zu erfahren, ist kinderleicht.

Man dividiret nämlich diejenige Jahres-zahl, von der man wissen will, ob es ein gemeines oder Schaltjahr sein wird, mit 4 — und giebt Acht, ob am Ende, bei dieser Division etwas, als Rest, übrig bleibt, oder nicht. Bleibt etwas üb-

B 3   rig,

rig, ſo iſt es ein gemeines Jahr. Bleibt nichts übrig, ſo iſts ein Schaltjahr.

Er wollte z. E. wiſſen, ob das Jahr 1866 ein Schaltjah. ſein wird, oder nicht, ſo dividirt er alſo dieſe Jahreszahl mit 4. alſo:

$$4:)\quad 1\ \ 8\ \ 6\ \ 6$$
$$\overline{\hspace{3cm}}$$
$$4\ \ 6\ \ 6\ .(\ 2.$$

hier kommt 466 heraus, und bleibt zwei übrig.

Aug. Das Jahr 1866 iſt alſo kein Schalt-jahr — weil etwas übrig blieb, hat alſo auch nur Einen Sonntagsbuchſtaben.

Kalm. Richtig — aber nun dividir' Er ein-mahl die Jahrzahl 1804 mit 4.

Aug. Gleich.

$$4:)\quad 1\ \ 8\ \ 0\ \ 4$$
$$\overline{\hspace{3cm}}$$
$$4\ \ 5\ \ 1.$$

da kommt 451 heraus und bleibt nichts übrig, iſt alſo ein Schaltjahr.

Kalm. Und hat daher zween Sonntagsbuch-ſtaben.

Aug. Es kommt nur darauf an, was für welche? und wie macht mans denn, wenn man dies erfahren will?

Kalm. Dies will ich Ihm gleich ſagen, wie Er's anzufangen hat, wenn Er z. E. wiſſen will, welcher Buchſtabe, in der Tabelle, im Jahr 1866 die Sonntage anzeigen wird — Hier hat Er ein

Täfel-

Täfelchen, in welchen alle 7 Sonntagsbuchſtaben aber in verkehrter Ordnung, und unten drunter, von 1 — 7, Zahlen ſtehen.

G.	F.	E.	D.	C.	B.	A.
1	2.	3.	4.	5.	6.	7.

Aug. Ja was ſoll ich aber mit dieſem Dinge machen?

Kalm. Die Sonntagsbuchſtaben damit ſuchen.

Aug. Wenn ich nun alſo wiſſen will, was wir 1866 für einen Sonntagsbuchſtaben haben, wie mach s ich's denn da?

Kalm. Er ſt l i ch dividirt Er diejenige Jahrs-zahl, zu der Er den Sonntagsbuchſtaben haben will mit 4.

Aug. Den Augenblick

$$4:)\quad 1\ 8\ 6\ 6$$
$$\overline{\qquad\qquad 4\ 6\ 6\ (2.}$$

Kalm. Schon fertig?

Aug. Ja — 4 in 1866 habe ich 466 mahl — und bleibt 2 übrig.

Kalm. Hier geht uns nur das, was Er her-ausgebracht hat, (die 466) an, was übrig bleibt, bekümmert uns hier gar nicht. Aber das, was Er herausgebracht hat, das addir Er zweitens zu der Jahrzahl ſelbſt,

alſo hier zu 1866.

B 4   **Aug.**

Aug. Gleich — 466
1866 zu

macht 2332.

Kalm. Diese Summe dividir Er drittens mit 7.

Aug. Das soll den Augenblick geschehen

7:) 2 3 3 2
3 3 3 (1.

Kalm. Schon richtig? Nun so sage Er mir viertens: was dabei übrig geblieben ist, denn dieser Rest zeigt mir im Täfelchen den Sonntagsbuchstaben, für das berechnete Jahr.

Aug. Eins ist übrig blieben.

Kalm. Was steht über der Eins, im Täfelchen, für ein Buchstabe?

Aug. Ein G.

Kalm. Das G ist also, im Jahre 1866, der Sonntagsbuchstabe, oder deutlicher: — Im Jahre 1866 werden die Sonntage auf alle diejenigen Tage fallen, neben welchen, in der Tabelle, (Seite 10) ein G stehet.

Aug. Man sollts nicht glauben — Wenn nun aber bei dieser letzten Division, die mit der 7 geschicht, nichts übrig bleibt, wie da?

Kalm. Dann ist derjenige Buchstabe, der über der 7 steht, der Sonntagsbuchstabe. So wird's z. E. 1809 sein. Probier Er's einmal

1) Di-

1) Dividir' Er diese Jahrzahl mit 4.
(August rechnet.)

Kalm. Was hat Er herausgebracht?

Aug. 452.

Kalm. 2) Dieses Herausgebrachte addir Er zu der Jahrzahl selbst.

Aug. 452 und 1809 macht zusammen 2261.

Kalm. Diese Summe theil Er nun 3tens mit 7. — — — Ist Er fertig? und was ist bei die=ser Theilung übrig geblieben?

Aug. Nichts.

Kalm. Also zeigt mir die 7, im Täfelchen, den Sonntagsbuchstaben. Welcher ist's, der über dersel=ben steht?

Aug. Das A — dieses zeigt mir also, für die=ses Jahr, in der Tabelle (Seite 10) alle Sonntage an. — Wie ist's aber da, wenn das Jahr, zu welchem ich den Sonntagsbuchstaben wissen will, ein Schaltjahr ist, also zwei Sonntagsbuchstaben hat?

Kalm. Es wird auf eben die Art verfahren, nur daß man darzu ein andres Täfelchen hat — Hier ist es

AG.	GF.	FE.	ED.	DC.	CB.	BA.
1.	2.	3.	4.	5.	6.	7.

und zeiget den Augenblick für ein Schaltjahr b e i d e Sonntagsbuchstaben. Z. E. Das Jahr 1804 wird ein Schaltjahr sein — dividir ich also erstlich dies mit 4, so bring' ich 451. heraus, — addir' ich 2tens dies zur Jahrzahl selbst, namlich zu 1804, so er=

B 5 hat

halte ich 2255. — Wenn ich nun 3tens diese
Summe mit 7 dividire, so bekomme ich 322 und.
bleibt Eins übrig — diese Eins zeigt mir also im
Schaltjahrtäfelchen, daß 1804 AG. die Sonntagsbuchstaben sind, denn diese stehen ja in demselben
über der Eins.

Aug. Nun warten Sie nur, ich werde mir den
Spaß machen, und nach und nach auf alle Jahre
die Buchstaben ausrechnen, die mir in der Tabelle
(Seite 10) die Sonntage für jedes Jahr anzeigen.

Kalm. Recht gut. Wenn Er dies aber etwa
noch auf die Jahre 1795, 1796, 1797,
1798 oder 1799 oder überhaupt auf ein Jahr
in diesem Sekulo thun will, so muß Er, wenn
Er die Jahrzahl mit 4 dividirt hat, und nun das
Herausgebrachte zu derselben addirt, ohne dieß
noch Eins hinzuthun, ehe Er die lezte Theilung mit 7 vornimmt, sonst würde Er fehlen.

Aug. Wie meinen Sie das?

Kalm. Gesetzt Er wollte die Sonntagsbuchstaben, aufs Schaltjahr 1796 berechnen — oder
wissen: welche Buchstaben im Schaltjahre 1796
die Sonntage, in der Tabelle, angeben werden,
so dividirt Er also erstlich diese Jahrzahl mit 4,
und bringt dadurch 449 heraus — diese addirt
Er 2tens zu der Jahrzahl selbst, und erhält dadurch die Summe 2245 Zu dieser Summe muß
Er nun drittens noch Eins hinzurechnen, welches
dann 2246 macht und Er endlich 4tens mit 7 dividiren muß. Versteht Er mich?   Aug.

Aug. O ja, recht wohl!

Kalm. Bei dieser Theilung wird nun 6 übrig bleiben, und die 6 im Schaltjahrstäfelchen anzeigen, daß C B im Jahr 1796 die Sonntagsbuchstaben sind.

Aug. Richtig.

Kalm. Man hat aber auch noch einen andern Weg, durch den man finden kann, welche Buchstaben, in der Tabelle, für jedes Jahr, die Sonntage angeben, nämlich durch den sogenannten Sonnenzirkel.

Aug. Ei, es ist gut, daß Sie mir an den Sonnenzirkel denken, denn ich habe Sie schon vorhin einmahl fragen wollen, was das für ein Ding ist.

Kalm. Morgen will ich Ihm dieß sagen.

Drittes Gespräch,

in welchem gezeiget wird, was der sogenannte Sonnenzirkel für ein Ding ist, wozu er nützt, und wie er gefunden wird.

Kalm. Der sogenannte Sonnenzirkel ist eine Reihe von 28 Jahren, nach deren Verlauf, die Sonntage, durch das ganze Jahr hindurch, wieder

der auf die nämlichen Monathstage fallen, wie vor 28 Jahren, wo also auch die nämlichen Sonntagsbuchstaben wieder gelten, wie vor 28 Jahren.

Aug. Das wäre wirklich so?

Kalm. Ich würd's Ihm doch nicht sagen! Nicht wahr, zwischen 1767 und 1795 sind 28 Jahre verfloßen?

Aug. (sinnt ein wenig) Nach Adam Riesens Rechenbuche ja

Kalm. Nun so nehm' Er einmahl einen Kalender aufs Jahr 1795, und — wenn Er einen hat — einen aufs Jahr 1767 — so wird Er sehen, daß in beiden Jahren alle Sonntage, auf die nämlichen Monathstage fallen, z. E. im Januar, auf den 4ten, 11ten, 18ten, und 25sten, — im Februar, auf den 1sten, 8ten, 15ten, und 22sten, im August, auf den 2ten, 9ten, 16ten, 23sten und 30sten, und so durchs ganze Jahr hindurch auf alle die Tage, neben welchen in der Tabelle (Seite 10) ein D steht — der Buchstabe D, ist also 1795 wieder der Sonntagsbuchstabe, wie er es 1767 war.

Aug. Und das geht von Jahre zu Jahre so?

Kalm. Von Jahre zu Jahre. Im Jahre 1796 werden daher die Sonntage, wieder auf die nämlichen Monathstage wie 1768 — im Jahre 1797, wie 1769 fallen u. s w. — die Sonntagsbuchstaben, werden daher auch in diesen, und wie gesagt, überhaupt von 28 Jahren zu 28 überein sein.

Aug.

Aug. Und dies nennt man also den Sonnenzirkel.

Kalm. Richtig — eigentlich sollte man es aber
den Sonntagszirkel nennen, weil er blos
die Sonntage angehet, und zeiget, daß diese jedes
Jahr wieder, auf die nämlichen Tage, wie vor 28
Jahren, fallen.

Aug. So ist das? Wenn ich nun aber z. E. auf
das Jahr 1798 itzt schon einen Kalender machen
sollte, und nicht weiß, was, von dort an zurück
gerechnet, vor 28 Jahren für ein Sonntagsbuchstabe war? Wie da?

Kalm. Auch dies will ich Ihm sagen.   Vorher
muß ich Ihm aber wieder einige Tafeln geben, welche man braucht, um durch den Sonntagszirkel zu
finden, an welchen Tagen wir in einem gewissen
Jahre, z. E. 1798 Sonntag haben werden.   Hier
sind sie:

Erstlich eine, welche mir die Sonntage
für den alten oder julianischen Kalender sogleich angiebt, so bald ich die Tabelle (Seite) zur
Hand nehme, die ich Ihm gestern gab.

1. G F.	5. B A.	9. D C	13. F E	17. A G.	21. C B.	25. E D.
2. C	6. G	10. B.	14. D.	18. F.	22. A.	26. C.
3. D.	7. F	11. A.	15. C	19. E.	23. G.	27. B,
4. C.	8. E.	12. G.	16. B.	20. D.	24. F.	28. A.

Dann

Dann zweitens eine, welche angiebt, wie im neuem oder gregorianischem Kalender, die Sonntage, nach jener Tabelle (Seite) vom Jahre 1701 bis 1799 fallen.

1. DC.	5. FE.	9. AG	13. CB.	17. CD.	21. GF.	25. BA.
2. B.	6. D.	10. F.	14. A.	18. C.	22. E.	26. G.
3. A.	7. C.	11. E.	15. G.	19. B.	23. D.	27. F.
4. G.	8. B	12. D.	16. F	20. A.	24. C.	28. E.

Endlich drittens eine, welche mir dies ebenfalls in dem neuen Kalender, von dem Jahre 18 1 an, bis 1 899.

1. ED	5. GF	9. BA	13. DC	17. FE	21. AG	25. CB
2. C	5. E	10. G	14. B	18. D	22. F	26. A
3. B	7. D	11. F	15. A	19. C	23. E	27. G
4. A	8. C	12. E	16. G	20. B	24. D	28. F

Kalm. Die Zahlen, in diesen 3 Tafeln zeigen die Jahre eines sogenannten Sonnenzirkels an, die Buchstaben aber, die bey jeder Zahl stehen, sind die Sonntagsbuchstaben, für diese Jahre.

Aug. Ich muß gestehen, daß ich Sie diesmahl nicht verstanden habe.

Kalm. Einige Beispiele werden Ihm die Sache deutlich machen. Das Jahr 1795 wird das
1 2 te

1ſte Jahr eines Sonnenzirkels ſein — was ſteht nun in der 1ſten, von dieſen 3 Tafeln, die ich Ihm itzt gab, für ein Buchſtabe?

Aug. Ein G.

Kalm. Im Jahre 1795 iſt demnach im alten Kalender, G der Sonntagsbuchſtabe. — In der 2ten Tafel ſteht bei der 12 ein D — nicht wahr?

Aug. Ganz recht,

Kalm. und zeiget, daß im Jahre 1795, als dem 12ten Jahre eines Sonnenzirkels, für den neuen Kalender D der Sonntagsbuchſtabe iſt, denn die 2te Tafel gilt bis zum Jahre 1799.

Aug. So iſt das — Aber warum hat denn der julianiſche Kalender eine andre Tafel, als der neue — und warum gilt denn wieder bei dem neuen die 2te nur bis 1799, von 1801 an aber die 3te?

Kalm. Dies kann ich Ihm itzt noch nicht ſagen — ich will mirs aber hier anmerken, damit ichs nicht vergeſſe, wenn ich Ihm mit dem Unterſchiede des alten und neuen Kalenders bekannt mache. —

Aug. Aber warum iſt denn das Jahr 1800 nicht mit in der 2ten und 3ten Tabelle begriffen.

Kalm. Weil ſich eben in dieſem Jahre, die Sonntagsbuchſtaben ändern; denn 1800 wird das 17te Jahr eines Sonntagszirkels und im neuen Kalender, das E der Sonntagsbuchſtabe ſein — Nun ſeh' Er aber einmahl nach, ob in der 2ten oder 3ten Tafel neben der 17 — ein bloſes E ſtehet?

Aug.

Aug Nein, denn in der 2ten stehen ED, und in der 3ten FE bei der 17.

Kalm. Dies Jahr konnte also in keine von diesen beiden Tafeln gebracht werden. Warum sich aber eben in diesem Jahre im neuen Kalender die Sonntagsbuchstaben ändern, will ich Ihm gleichfalls zeigen, wenn wir mit einander von der Beschaffenheit des julianischen und gregorianischen Kalenders reden werden. Itzt will ich Ihm nur noch an einigen Beispielen den Gebrauch des Sonntagszirkels, in diesen Tafeln, begreiflicher machen — Das Jahr 1796 wird das 13de Jahr eines Sonntagszirkels sein, bei der 13 stehen in der ersten Tafel FE — in der 2ten aber, CB. Also werden 1796 im alten Kalender FE, im neuen aber CB diejenigen Buchstaben sein, die mir in der Tabelle (Seite) die Sonntage anzeigen. — Oder das Jahr 1811 ist das 28ste Jahr eines Sonntagszirkels: Was steht nun, in der 3ten Tafel, die, von 1801 an, gilt, für ein Buchstabe bei der 28?

Aug Ein F.

Kalm. Im Jahre 1811 fallen also im neuen Kalender, nach der Tabelle (Seite) die Sonntage auf alle diejenigen Tage, die mit F bezeichnet sind. Sieht Er — wie leicht es also ist — den Sonntagsbuchstaben für jedes Jahr durch den sogenannten Sonnenzirkel zu finden?

Aug.

Aug. Ja, wenn ich einmal weiß, das wievielſte Jahr eines Sonntagszirkels ein gewiſſes Jahr iſt — da haben Sie recht. Wie kann ich aber wiſſen das wievielſte Jahr eines Sonntagszirkels, z. E. das Jahr 1829 iſt? ob das 1ſte, 10de oder das nievielte?

Kalm. Das will ich Ihm gleich ſagen.

Erſtlich zähl Er zu demjenigen Jahre, von dem Er wiſſen will, das wievielſte Jahr eines Sonntagszirkels es iſt — noch 9 hinzu.

Aug. Gut — 1829 und 9, macht 1838.

Kalm. Dieſe Summe dividir' Er zweitens mit 28.

Aug. Gleich (er rechnet) — 28 in 1838 hab' ich 65mahl — und bleibt noch 18, dabei übrig.

Kalm. Auf das, was Er durch dieſe Diviſion herausbringt (hier auf die 65) kommt gar nichts, ſondern alles darauf an, was dabei übrig bleibt, (hier alſo auf die 18) denn dieſes zeigt, das wievielſte Jahr eines Sonntagszirkels — das berechnete Jahr iſt.

Aug. Das Jahr 1829 iſt alſo das 18de eines Sonntagszirkels?

Kalm. Richtig, und, nach der 3ten Tafel, die von 1801 an, gilt, D der Sonntagsbuchſtabe für dieſes Jahr.

Hundertj. Kal.   C   Aug.

Aug Wenn nun aber bei dieser Division nichts übrig bleibt?

Kalm. So ist die Zahl, mit welcher dividirt wird, nämlich die 28 diejenige, die mir den Sonntagsbuchstaben in der Tafel des Sonntagszirkels angiebt. So wirds z. E. 1811 sein, denn addir' er einmahl zu dieser Jahrzahl noch 9. so wird er 1820 erhalten — nun dividir' Er zweitens diese Summe mit 28, so wird Er 65 herausbringen, es wird aber nichts dabei übrig bleiben — dies Jahr also das 28ste eines Sonntagszirkels und für dasselbe, laut der 3ten Tafel, F der Sonntagsbuchstabe im neuen Kalender sein. Im alten aber, nach der ersten Tafel, das A.

Aug. Richtig. Warum muß ich denn aber zu demjenigen Jahre, von dem ich wissen will, das wievielste es vom Sonntagszirkel ist — noch 9 addiren?

Kalm. Weil das Geburtsjahr Jesu, von welchem an wir, wie bekannt, unsre Jahrzahl rechnen, das 9te Jahr vom Sonntagszirkel war — unsre gewöhnliche Jahrzahl also 9 Jahr später als der damahlige Sonntagszirkel anfieng.

Aug. Das laß ich gelten — Was wollt' ich doch aber gleich noch sagen? — (er sinnt) — Ja izt fällt mirs ein.

Aug.

Aug. Warum dauert es denn akkurat 28 Jahre, ehe die Sonntage durchs ganze Jahr hindurch, wieder auf die nämlichen Monathstage fallen?

Kalm. Das kommt von der verschiedenen Einrichtung unsrer Jahre her, daß wir nämlich bald Schaltjahre von 366, bald gemeine Jahre von 365 Tagen haben.

Aug. Was hat dies aber für Einfluß auf den Sonntagszirkel?

Kalm. Gar viel — Wenn das Neujahr beständig auf einen und denselben Wochentag, z. E. auf den Donnerstag fiele, so hätten wir gar keinen Sonntagszirkel, sondern die Sonntage, durchs ganze Jahr hindurch, einmal wie das andre, an demjenigen Tage, neben welchen, in der Tabelle (Seite 10) ein D stehet, denn der erste Sonntag im Jahre, wäre dann jederzeit der 4te Januar.

Aug. Neben diesen steht aber in der Tabelle ein D — dieser Buchstabe zeigte also, durchs ganze Jahr, einmahl wie das andere, natürlich die Sonntage an.

Kalm. Würden wir ferner lauter gemeine Jahre haben, so würden die Sonntage aller 7 Jahre wieder auf die nämlichen Monathstage fallen im 1ten, z. E. auf alle die, welche in der Tabelle mit A bezeichnet sind

im 2ten auf alle die, mit B.

im 3ten — —— — C.

im 4ten — —— — D.

C 2　　　　　im

im 5ten auf alle die mit E.

im 6ten — ——— F.

im 7ten — ——— G.

im 8ten wieder auf alle die, neben welchen in der Tabelle ein A steht u. s. w. von 7 Jahren zu 7 Jahren. — Der Sonntagszirkel würde also 7 Jahre dauern.

Aug. Ganz natürlich.

Kalm. Nun haben wir aber, wie Er weis, aller 4 Jahre ein Schaltjahr von 52 Wochen und 2 Tagen, dies macht, daß die Sonntage in 4 mahl 7 oder 28 Jahren erst wieder hintereinander auf die nämlichen Monathstage fallen — Hier hat Er ein Verzeichniß, auf welche Wochentage von 1767 an, bis 1794. also in den lezten verflossenen 28 Jahren, das Neujahr, nach einander gefallen ist. Aus demselben kann Er die ganze Sache deutlich einsehen.

1767 Neuj. d. Donner.		1775 — Sonntag
*Sch. 1768 — Freit.		Sch. 1776 Mondtag
1769 — Sonntag		1777 — Mittwoch
1770 — Mondtag		1778 — Donnerstag
1771 — Dienstag		1779 — Freitag
Sch. 1772 Mittwoch		Sch. 1780 Sonnabend
1773 — Freitag		1781 Neuj. d. Mondtag.
1774 — Sonnabend		1782 — Dienstag

1783

*) Alle die Jahre, neben den ein Sch. stehet, waren Schaltjahre.

1783 — Mittwoch.	1789 — Donnerstag
Sch. 1784 Donnerstag	1790 — Freitag
1785 — Sonnabend	1791 — Sonnabend
1786 — Sonntag	Sch. 1792 Sonntag
1787 — Montag	1793 — Dienstag
Sch. 1788 Dienstag	1794 — Mittwoch.

Kalm. Sieht Er! 1767 fiel das Neujahr auf einen Donnerstag, 1768 einen Tag später, also auf einen Freytag. Weil aber dieses 1768ste Jahr ein Schaltjahr war, so rückte das folgende 1769ste Neujahr, um zwei Wochentage fort, fiel also, nicht auf den Sonnabend, sondern auf den Sonntag. 1770 auf einen Montag u. s. w. bis 1794, wo das Neujahr an einer Mittwoche war, und 1795 wieder auf einen Donnerstag, wie 1767, — ferner 1796 auf einen Freitag, wie 1768 fällt.

Aug. Ist denn das Jahr 1796 auch wieder ein Schaltjahr, wie das 1768ste es war?

Kalm. Freilich, deswegen rückt das darauf folgende 1797ste Neujahr auch, wie damahls um zwei Wochentage fort, fällt also, nicht auf den Sonnabend, sondern wie 1769 auf den Sonntag — u. s. w.

Aug. Es hat doch in der Welt alles seine Ordnung.

Kalm. Ja wohl. Weil nun im Jahre 1795 das Neujahr wieder auf den nämlichen Wochentag,

C 3   tag,

tag, wie 1767 fällt, so muß der erste Sonn=
tag also auch wieder auf den nämlichen Monaths=
tag wie damals fallen, nämlich auf den 4ten Ja=
nuar. Da ferner, neben diesem 4ten Jan. in
der Tabelle (Seite 10) ein D steht, so ist das
D auch wieder 1795 derjenige Buchstabe, der mir
durchs ganze Jahr hindurch, wie damahls, die
Sonntage anzeiget.

Aug. Nun begreif ichs. 1796 fällt also das
Neujahr, und daher auch alle Sonntage durchs
ganze Jahr hindurch wieder wie 1768 — 1797
wie 1769 — 1798, wie 1770 — 1799,
wie 1771 — 1800, wie 1772 u. f. w.

Kalm. Bis 1799 hat es seine Richtigkeit,
aber mit dem Jahre 1800 geht eine Aenderung
vor. — Wie Er nämlich aus dem Neujahrsver=
zeichnisse sehen wird, so war das Jahr 1773, ein
Schaltjahr, das darauf folgende 1773ste Neujahr
rückte also gegen des vorigen gerechnet, um zwei
Wochentage, nämlich von der Mittwoche auf den
Freitag fort. 1800 wird nun zwar das Neu=
jahr auch wieder auf die Mittwoche fallen, aber es
wird kein Schaltjahr sein — das darauf folgende
1801ste Neujahr, wird also nicht wie 1773
auf den Freitag, sondern auf den Donnerstag
fortrücken.

Aug. So ist das.

Kalm. Ja, und Er wird daher auch einsehen,
warum sich, wie ich Ihm schon (Seite 28) sag=

te, mit den Jahren 1800 die Sonntagsbuchstaben
ändern werden. Das Jahr 1772 war ein Schaltjahr, hatte also zwei Sonntagsbuchstaben, nämlich
E und D. — 1800 wird aber ein gemeines
Jahr sein, also auch nur einer, das E zum Sonntagsbuchstaben haben, weil nämlich das Neujahr
1800 auf eine Mittwoche, der erste Sonntag also auf den 5ten Januar fällt und dieser in der
Tabelle ein E hat. Das Jahr 1801 wird ferner
nicht wie das Jahr 1773 ein E, sondern ein D.
zum Sonntagsbuchstaben haben.

Aug. Ganz natürlich, weil 1773 das Neujahr den Freitag, 1801 aber schon den Donnerstag — dort also der erste Sonntag im Jahre
den 3ten, hier aber erst den 4ten Januar fällt,
und bei dem 3ten Januar in der Tabelle (Seite
10) ein E, bei dem 4ten aber ein D steht.

Kalm. Richtig. Er wird daher auch begreifen,
warum die 2te Sonntagstafel (Seite 26) nur bis
1799 gilt und 1801 die 3te angeht. Die
Jahrzahl des Sonntagszirkels geht beständig fort.
Das Jahr 1801 wird also das 18te Jahr so
eines Zirkels sein. Was steht aber bei der 18
in der 3ten Tafel (Seite   ) für ein Buchstabe?

Aug. Ein C.

Kalm Das C wäre also 1801 der Sonntagsbuchstabe? Ist das Recht?

Aug. Nein — wie Sie mir den Augenblick
gezeigt haben, so ist fürs Jahr 1801, D der
Sonntagsbuchstabe.

Kalm.

Kalm. Was steht nun aber in der 3ten Tafel neben der 18 für ein Buchstabe?

Aug. Ein D — und das trifft ein.

Kalm. Diese 2te und 3te Tafel sind also beide nach dieser Veränderung berechnet, und wenn Er den Sonntagsbuchstaben für ein Jahr des kommenden Jahrhunderts suchen will, so muß Er dies also in der 3ten Tafel thun.

Aug. Woher kommt es aber, daß die erste Tafel (Seite 25) wie Sie mir damahls sagten, beständig, also auch im kommenden Jahrhunderte gilt.

Kalm. Weil im julianischen Kalender, für den Sie eingerichtet ist, einmahl wie das andere, also auch das Jahr 800 ein Schaltjahr ist — Die Sonntage also, einmahl wie das andre, von 28 Jahren zu 28 Jahren, auf die nämlichen Tage fallen. Im neuen oder gregorianischen und dem verbesserten Kalender ist das aber anders. Da ist zwar auch alle 4 Jahre ein Schaltjahr — nur die Schlußjahre von 3 Jahrhunderten hinter einander, z. E. die Jahre 1700, 1800, und 1900 ausgenommen, diese sind im neuen Kalender nur gemeine Jahre.

Aug. Warum aber das? Und was hat es denn überhaupt mit dem julianischen, dem gregorianischen, und dem verbesserten Kalender für eine Bewandniß?

Kalm. Das will Ihm morgen sagen.

Aug.

Aug. Nur noch eine einzige Frage erlauben Sie mir heute.

Kalm. Und die heist.

Aug. Wenn nun, wie Sie mir heute gezeigt haben, die Sonntage von 28 Jahren zu 28 Jahren, wieder auf die nämlichen Monathstage durchs ganze Jahr hindurch fallen, so brauchte man ja wohl, für seine ganze Lebenszeit, auch nur 28 Stück Kalender. — Fürs gegenwärtige Jahr hätte ich also nicht nöthig einen neuen zu kaufen — ich dürfte ja nur den nehmen, der vor 28 Jahren galt.

Kalm. Vors erste habe ich Ihm ja schon gesagt, daß mit dem Jahre 1800 in Absicht der Sonntage, gegen die, vor 28 Jahren gerechnet, eine große Veränderung vorgehet — Hernach kommts in einem Kalender nicht blos auf die Sonn- und Wochentage und darauf an, auf welche Monathstage, durchs Jahr hindurch sie fallen. Haben wir denn nicht auch in jedem Jahre gar viele Feste?

Aug. Das ist wohl wahr — aber fallen denn diese nicht auch von 28 Jahren zu 28 Jahren überein?

Kalm. Ein Theil derselben, nämlich die unbeweglichen, oder diejenigen, welche in Jahr, wie das andere, an gewisse Monaths-tage gebunden sind, als:

C 5   1) ein

1) im Januar
   den 1ften das Neujahr
   —   6 — Erſcheinung Chriſti.
   — 17 — Antonius.   *)
   — 20 — Fabian Sebaſtian
   — 25 — Pauli Bekehrung.

2) im Februar.
   den   2ten Lichtmeß, oder Maria Reinigung
   —   6ten Dorothea
   — 14 — Valentin
   — 20 — Petri Stuhlfeier
   — 24 — Apoſtel Matthias,

3) im März
   den 12 — Gregorius
   — 17 — Gertraud
   — 19 — Joſeph
   — 25 — Maria Verkündigung

4) im April
   den 4 — Ambroſius
   — 23 — Georgius
   — 25 — Evangeliſt Markus.

5) im Mai
   den 1ften Philippi Jacobi, oder Wal-
        purgis

                                   — 3

*) Es ſind hier auch, aus ganz natürlichen Urſachen
die unbeweglichen Feſte unſerer katholiſchen Mitbrüder
angegeben.

— 3 — Kreutzes Erfindung

— 25 — Urbanus

6) im Junius

den 8ten Medardus.

— 15 — Veit

— 24 — Johannis der Täufer

— 29 — Petri und Pauli

7) im Julius

den 2ten Mariä Heimsuchung

— 13 — Margareta

— 15 — Aposteltheilung

— 22 — Maria Magdalena

— 25 — Jacobus

— 26 — Anna.

8) im August

den 1sten Petri Kettenfeier

— 6 — Verklärung Christi

— 10 — Laurentius

— 15 — Mariä Himmelfahrt

— 20 — Bernhardus

— 24 — Bartholomäus

— 29 — Johannis Enthauptung

9) im September

den 1sten Aegidius

— 8 — Mariä Geburth

— 14 — Kreutzes Erhöhung

Mittwoche darauf jedesmal der 3te
Quatember im Jahr.

— 21 — Apostel Matthäus

— 24

— 24 — Johannis Empfängniß
— 29 — Michaelis

10) im October

den 4ten Franciscus
— 16 — Gallus
— 18 — Evangelist Lukas
— 21 — Ursula
— 28 — Simon Judas
— 31 — Reformationsfest

11) im November

den 1ten Allerheiligen
— 2 — Aller Seeligen
— 10 — Martin Luther
— 11 — Martin Bischoff
— 19 — Elisabeth
— 21 — Maria Opferung
— 25 — Katharina
— 30 — Andreas Apostel

12) im December

den 4ten Barbara
— 6 — Nikolaus
— 8 — Maria Empfängniß
— 13 — Lucia

Mittwoch darauf jederzeit der 4te Quatember im Jahre.

— 21 — Apostel Thomas
— 25 — Weihnachten
— 26 — Stephanus

— 27

— 27 -- Evangeliſte Johannis
— 28 — Unſchuldiger Kindertag.

Kalm. Alle dieſe katholiſchen und proteſtanti-
ſchen unbeweglichen Feſttage fallen von 28 Jahren zu 28 Jahren wieder auf die nämlichen Wochentage, in dieſer Rückſicht könnte man alſo auch
die Kalender wieder brauchen, die vor 28 Jahren galten — aber die beweglichen Feſte, oder
diejenigen, die nicht an gewiſſe Monathstage
gebunden ſind, ſondern bald eher, bald
ſpäter im Jahre fallen, je nachdem Oſtern früher
oder ſpäter fällt, dieſe machen die alten 28-
jährigen Kalender zu dieſer Abſicht ganz un-
brauchbar.

Aug. Welches ſind denn alles bewegliche Feſte des Jahres.

Kalm.

1) Oſtern
2) vor Oſtern — rückwärts
   Charfreitag
   Grüner Donnerſtag
   Palmſonntag
   Judica
   Lätare
   Oculi
   Reminiſcere
   Invocavit

Aſcher-

Aschermittwoch

Faßnacht — Dienstag nach Estomihi

Estomihi, oder Quinquagesimä

Exagesimä

Septuagesimä

6 Sonntage nach Epiphanias, die aber nicht jedes Jahr alle, sondern bald weniger, bald mehrere davon gefeiert werden, je nachdem Ostern fruher oder später fällt.

3) nach Ostern — vorwärts

 Quasimodogeniti

 Miserikordias Domini

 Jubilate

 Cantate

 Rogate

  Himmelfahrt Christi. Donnerstag nach Rogate.

 Exaudi

 Pfingsten

 Trinitatis

  Frohnleichnamstag. Donnerstag nach Trinitatis, dann

27. Sonntage nach Trinitatis, die aber gleichfalls in jedem Jahre, nicht alle, sondern bald mehrere, bald wenigere davon gefeiert werden — je nachdem Ostern bald oder spät einfällt, ferner

4 Adventssonntage, die alle Jahr gefeiert werden, weiter

der Sonntag nach Weihnachten — wenn näm=

nämlich zwischen dem 1sten Weihnachtstag und dem
Neujahre ein Sonntag fällt, endlich

der Sonntag nach dem Neujahre —
wenn nämlich zwischen diesen und dem Feste der
Erscheinung Christi einer fällt.

Ferner gehören zu den beweglichen Festen die
2 ersten Quatember im Jahre, wovon

der 1te auf die Mittwoche nach Invocavit und

der 2te Mittwochs nach Pfingsten festgesetzt ist.

Kalm. Dieses sind nun insgesammt bewegliche Feste, die, wie gesagt, bald früher, bald
später im Jahre fallen, je nachdem Ostern früher
oder später gefeiert wird. — Vergleich Er einmal
den Kalender auf das Jahr 1795 und den, der vor
28 Jahren galt, also den, auf das Jahr 1767,
so wird er finden, wie verschieden diese bewegliche
Feste in diesen beyden Jahren gefeiert werden, obgleich die Sonntage, durchs ganze Jahr hindurch auf einerlei Monathstage, und
die unbeweglichen Feste auf einerlei Wochentage fallen.

Aug. Das will ich.

Kalm. Wenn aber auch dies alles nicht wäre,
so steht der Mond mit seiner Lichtabwechselung dem
Gebrauche der alten 28jährigen Kalender, vollends ganz im Wege. Die Mondenwechsel treffen
zwar, wie ich Ihm, bei einer andern Gelegenheit
sagen werde, von 19 Jahren, zu 19 Jahren,
wie

wieder auf die nämlichen Monathstage im Jahre,
aber wenn wir einen 28jährigen Kalender mit dem
diesjährigen vergleichen, so werden wir sehen, daß
damahls die Vollmonde, z. E. 6 bis 8 Tage früher
fielen, als gegenwärtig — Will Er sich aber be-
mühen vom Jahre 1582 an, sämmtliche Kalender zusammen zu bringen, und nicht nur diese,
sondern von ißt an, bis zum Jahre 2115 sie
jährlich insgesammt aufheben, und bis 2115 leben bleiben, so braucht Er sich dann keinen Kalender mehr zu kaufen, denn von 532 Jahren zu
532 Jahren trifft im Kalender alles wieder so auf-
einander, daß man nach Verlauf derselben, wieder die alten, also im Jahre 2115 die wieder
brauchen kann, die fürs Jahr 1583 gemacht waren, u. s. w

Aug. Das wird unser einer wohl nicht erleben,

Kalm. Ich glaub es selbst — Indessen ar-
beite ich an einem beständigen Wandkalender,
der ● berechnet ist, daß Er sich in seinem Leben
keinen Kalender mehr zu kaufen nöthig hat, wann er
diesen besißt, und aus dem Kopfe weiß, an welchen
Tagen jährlich in seinem Lande die Bußtage, Roß-
Vieh = und Jahrmärkte und Kirmsen fallen.

Aug. Nun den muß ich haben.

Kalm. Ja, ja, er soll denselben erhalten. *) Für
heute aber schlaf Er wohl.   Vier-

---

*) Es wird schon dran gearbeitet und derselbe erscheinen,
sobald er vollends fertig ist.

Viertes Gespräche,

in welchem gezeigt wird, was es für eine Bewandniß mit dem ... en, oder ... haben zu ... ... gerianischen, ...

......

Kalm. ... ... an man gleich wissen will, von welcher ... ... der Erde, oder des Firmamentes ... ... ist, so müssen beide in gewisse Theile ... ... sein, und jeder solcher Theil, seinen gewisse festgesetzten Namen haben?

Aug. Ei wohl, wie Sie mir dies, vor Ihrer Reise schon *) sehr begreiflich gemacht haben.

Kalm. Wie es nun hier, mit der Fläche der Erde und des Firmamentes ist, so ist es, unter andern, auch mit der Zeit. Wenn man sich nämlich in dieselbe schicken, sich in derselben bethun soll, so muß sie ebenfalls in gewisse festgesetzte Theile abgetheilet werden, jeder solcher Theil der Zeit, seinen Namen haben, und ich den Augenblick wissen, wo ich in der Zeit hinzudenken habe, oder welcher Theil, welcher Punkt derselben gemeint ist, sobald ich so einen

*) Im 13den Gespräche des aufrichtigen Kalendermannes.

Hundertj. Kal.   D

nen Namen nennen höre, so gut ich weiß, welcher
Theil der Erdoberfläche, gemeinet ist, wenn ich vom
Kurfürstenthume Brandenburg reden höre, oder, wo
ich, am Himmel, hinsehen muß, wenn vom Jacobs=
stabe gesprochen wird.

Aug. Sehr begreiflich.

Kalm. Man fühlte dies auch gar bald, und
theilte daher, schon in der Kindheit der Welt, d i e
Z e i t in gewisse Theile ab.

Aug. Wie aber, und wornach denn?

Kalm. Nach dem sogenannten Himmelslaufe.
Man sah' nämlich, daß die Sonne, von einem Mah=
le zum andern — (freilich nur, wie Er aus dem
6ten Gespräche des aufrichtigen Kalendermanns
weiß, dem Scheine nach) um die Erde herum
läuft — daß dies regelmäßig geschehe, theilte da=
her die Zeit auf eine sehr natürliche Art hiernach
in Tag und Nacht, und nannte beides zusammen,
nämlich die Dauer der Zeit, von einem Aufgange
der Sonne bis zur andern, gerade hin — einen
T a g.

Aug. Wie in der Bibel steht: — Da ward, aus
Abend und Morgen, der erste, zweite, dritte T a g,
u. s. w. Nicht wahr?

Kalm. Ganz recht. — Der Mond wird auf
der Erde, bekanntermaßen, nicht immer unter einer=
lei Gestalt, sondern bald wie eine Sichel, bald halb,
bald ganz, bald gar nicht gesehen, und zwar, von
einer gewissen Zeit zur andern, einmahl wie das an=
dre.

dre. — Dies mußten nun die Menschen ebenfalls gar bald bemerken, und, sobald sie es bemerkt hatten, theilten sie auch die Zeit hiernach, z. E. von einem Vollmond bis zum andern ein — und so entstanden **Monathe.**

Aug. Alles sehr natürlich.

Kalm. Sparerhin ging man, in den Bemerkungen über den vermeinten Himmelslauf, noch weiter. Man wußte zwar noch nichts von allen dem, was ich Ihm das vorige Mahl *) gesagt habe, daß sich nämlich die Erde, in ohngefähr 365 Tagen, einmahl um die Sonne herumwindet, daß dadurch die verschiedenen Jahreszeiten und Tageslängen entstehen, aber man sahe es doch, daß die Sonne bald höher, bald tiefer, gegen Mittag zu, ihren (scheinbaren) Lauf, an dem Himmel herum mache, daß es auf der Erde bald heis, bald kalt sei — daß die Tage einmahl recht lang, ein ander mahl recht kurz sind, u. s. w. Man sahe, daß diese Veränderungen, zwar nicht so geschwind, wie die Mondenwechsel, aber doch gewiß, von einem Mahle zum andern erfolgte, theilte die Zeit endlich auch hiernach ab, und nannte so einen Theil derselben ein **Jahr.**

Aug. Schön.

Kalm. Anfangs wußte man nur die wahre Dauer so eines Jahres noch nicht recht bestimmt anzuge=

D 2   ben.

---

*) Im 10den und 14den Gespräche des aufrichtigen Kalendermannes.

ben. Bald rechnete man es zu lang, bald zu kurz,
und dies aus der ganz natürlichen Ursache, weil
man noch sehr wenig von derjenigen Wissenschaft verstand, die man Himmelskunde nennet. — So rechnete man z. E. bei der Stiftung des römischen Reichs
das Jahr nur zu 304 — späterhin zu 355 Tagen.

Aug. O das war weit gefehlt!

Kalm. Ja wohl — es verursachte aber auch,
in Absicht des Kalenderwesens, besonders in Absicht
der Festtage, welche im Kalender auf gewisse Jahreszeiten festgesetzt waren, große Verwirrung. Man
hatte z. E. unter den Römern ein gewisses Fest, das
dem Winter zu Ehren, jederzeit an dem kürzesten
Tage des Jahres gefeiert werden sollte, und das
Winterfest hieß, dies fiel nun da Julius Cäsar, als
römischer Kaiser an die Regierung kam, dem Kalender nach, in diejenige Jahreszeit, die wir schon
zum Frühlinge rechnen, das Winterfest wurde also
gefeiert, da der Winter schon lange vorbei war.

Aug. Wie ging denn aber das zu?

alm. Sehr natürlich. Nicht wahr, wenn eine
Uhr zu geschwind oder zu langsam gehet — die
Stunden zu kurz oder zu lang angiebt, so zeiget sie
mir auch z. E. die wahre Mittagszeit nicht an? —
Ich will annehmen, ich hätte eine Uhr, die ich heute, nach der Sonne, auf 12 stellte, und sie ginge
täglich 10 Minuten zu geschwind, nicht wahr, morgen zeigte mir diese Uhr die wahre Mittagszeit schon
um 10 Minuten zu früh an?

Aug.

Aug. Richtig.

Kalm. In 2 Tagen also 20 — in 3 Tagen 30 — in 4 Tagen 40 — und in 5 Tagen 50 und in 6 Tagen 60 Minuten oder eine ganze Stunde zu früh. In 6 Tagen würde es an meiner Uhr schon Mittag sein, wenn es in der Natur noch eine ganze Stunde dauerte, ehe es dahin käme.

Aug. Auf die Art freilich.

Kalm. In 6mahl 6 oder 36 Tagen, würde dies schon 6 Stunden austragen, und nach meiner Uhr schon früh um 6 Uhr Mittag sein. Meine Uhr würde mir sagen: es ist Mittag, in der Natur würde es aber noch Stunden dauern, ehe wir wirklich Mittag hätten.

Aug. Sehr begreiflich.

Kalm. Nun sieht Er, so ists auch mit dem Kalender, wenn er die Jahre kürzer oder länger angiebt, als sie, in der Natur, wirklich sind. So war es also, wie schon gesagt, bei den alten Römern, deren Kalender das Jahr — erst nur zu 304 und späterhin zu 355 Tagen, also, wie sich weiter ergeben wird, und Er auch schon weiß, in beiden Fällen — viel zu kurz angab. — Da der Kalender eingerichtet, die Festtage darinne nach den Jahreszeiten festgesetzt wurden — da war alles richtig, da fiel das Winterfest z. E. im Winter. Nun gab's der Kalender aber alle Jahre zu früh — von Jahre zu Jahre früher

her an, ſo daß es, wie geſagt, dem Kalender
nach, zu Julius Cäſars Zeiten, im Frühlinge fiel.

Aug. Dies war nun freilich lächerlich, wenn
man z. E. dem Winter ein Feſt feierte, wenn er
ſchon lange vorbei war.

Kalm. Ja wohl, Julius Cäſar, ein gar ge=
ſcheider Mann, ſahe dies auch gar bald ein, und
berechnete, mit Hülfe eines gelehrten Mannes aus
Egypten — die eigentliche Dauer des Jahres ſelbſt,
richtete den Kalender nach dieſer Rechnung ein, und
ſetzte das Jahr auf 365 Tage und 6 Stunden feſt.

Aug Auf 365 Tage und 6 Stunden! wie konn=
te denn aber der Kalender um 6 Stunden jedes
Jahr länger gemacht werden?

Kalm. Das machte er ſo — er ließ 3 Jahre
hintereinander dem Jahre nur 365 Tage, dem 4ten
aber jederzeit 366 Tage im Kalender geben. Das
erſte Jahr wurde nämlich, gerade mit dem 365ſten
Tag, alſo im Kalender um 6 Stunden zu früh
geſchloſſen. Im andern Jahre trug dies ſchon 12
Stunden - im dritten Jahre 18 Stunden —
im vierten einen ganzen Tag aus — es war da=
her ganz natürlich, daß er jedem vierten Jahre in
ſeinem Kalender einen Tag mehr gab — um den=
ſelben nämlich, mit der wahren Dauer der Jahre in
der Natur, beſtändig im Gleichen zu erhalten. Dies
iſt denn der Urſprung der Schaltjahre, die wir
noch immer haben, und des alten oder julianiſchen
Kalen=

Kalenders, der noch immer beiläufig in unserm Kalender mit fortgeführt wird.

Aug. Julianisch heißt er gewiß deswegen, weil er vom Julius Cäsar herrührt?

Kalm. Richtig, und alt wird er um deswillen genennt, weil wir nunmehro neuere haben, und er bei uns, abgeschaffet ist.

Aug. Woher kommts denn aber, daß man diesen Kalender wieder abgeschafft hat.

Kalm. Daher weil er noch nicht ganz richtig berechnet war, und dadurch, nach und nach, wieder große Verwirrung entstanden.

- - -

Kalm. Wie Ich Ihm nämlich vorhin sagte, so rechnete Julius Cäsar die wahre Dauer eines Jahres auf 365 Tage und akkurat 6 volle Stunden.

Aug. War denn das nicht richtig?

Kalm. Nicht ganz, denn nachdem man in die Himmelskunde immer tiefer eindrang, so fand man, daß die Erde nicht gar so lange, sondern nur 365 Tage, 5 Stunden, 48 Minuten, und 43 Secunden zubringe, ehe sie einmal um die Sonne herumkomme, daß also auf derselben ein Jahr auch eigentlich nur so lange, nämlich 365 Tage und 6 Stunden w e n i g e r 11 und ohngefähr eine Viertelsminute dauere.

Aug. So genau hat man dies ausgerechnet?

Kalm.

Kalm. Ja wohl. Der Julianiſche Kalender
gab alſo auch jedes Jahr, um 11 und ohngefähr eine Viertelsminute zu lang an. Dies
trägt nun zwar in Einem Jahre nicht viel, nicht
einmahl eine volle Viertelſtunde, aus, aber in
100 Jahren beträgt es ſchon 18 Stunden, 44
Minuten und 10 Secunden, und in 1000
Jahren, 7 Tage, 19 Stunden, 21 und eine halbe Minute aus.

Aug. Es iſt doch erſtaunlich.

Kalm. In 1000 Jahren gab der Julianiſche Kalender alſo, ſchon alles über 7 Tage, beinahe 8 Tage zu ſpät an. Was nämlich der julianiſche Kalender, nach 1000 Jahren, für den
heutigen Tag anzeigte, das war in der Natur, ſchon vor beinahe 8 Tage vorbei.

Aug. Man ſollte gar nicht meinen, daß ſol-
che Kleinigkeiten ſo einen Einfluß auf die Sache
haben konnten.

Kalm. Ja wohl. Ohngefähr nach 1300 Jahren nach ſeiner Einrichtung wurde man dieſen
Fehler des julianiſchen Kalenders zuerſt inne —
allein an die Verbeſſerung deſſelben kam es nicht,
dieſe geſchah erſt im Jahr Chriſti 1582, durch
den, damahls in Rom regierenden Pabſt Gregorius den dreizehenden. Um dieſe Zeit gieng
nämlich der alte julianiſche Kalender ſchon ganze 10 Tage zu ſpäte, die Tag- und Nachtgleiche im Frühling war z. E. von der alten chriſt-
katho-

katholischen Kirche auf den 21 März eines jeden
Jahres feſt geſetzet, als man aber, im Jahre 1582,
im Kalender den 21 März hatte, ſo war ſie
ſchon, in der Natur, vor 10 Tagen vorbei. Da
nun, wie ich Ihm ein andermhl ſagen werde,
von dieſer Tage und Nachtgleiche allemahl das
Oſterfeſt, und von dieſem wieder, jedes andre bewegliche Feſt im ganzen Jahre abhängt, ſo wurde alſo auch Oſtern, und alle jene Feſte im Jahre viel zu ſpäte gefeiert, das Jahr überhaupt,
nach dem Himmelslaufe, 10 Tage zu ſpät angefangen, und 10 Tage zu ſpät geſchloſſen.

Aug. Alles ſehr natürlich.

Kalm. Dies bewog denn (ſobald er davon über-
zeigt war) dieſen würdigen Pabſt, durch geſchick-
te Himmelskundige, den Kalender mit dem Erdenlaufe, aufs neue, in Uebereinſtimmung bringen
zu laſſen. Was that er alſo? Er ließ 1582
einen Kalender machen, in welchem, für dieſes
Jahr, 10 ganze Tage fehlten, und zwar, zwiſchen
dem 4ten und 14ten October fehlten.

Aug. Das muß kurios geweſen ſein.

Kalm. Ach nein. Der 4te October jenes Jahres war nämlich ein Sonntag, nach dem julianiſchen Kalender war alſo, den andern Tag
drauf, nämlich den Mondtag, der fünfte, den
Dienſtag der ſechſte October u. ſ. w.

Aug. Ganz natürlich.

Kalm. In demjenigen Kalender, den Gre-

D 5 gori-

gorius machen ließ, war's aber ganz anders. Sonntag zwar auch den 4ten October, aber den Mondtag war nunmehro gleich der 15de, Dienstag der 16de, Mittwoche der 17de October u. s. w. Der julianische und dieser neue Kalender, der, von seinem Urheber Gregorius, der Gregorianische heißt, war also, in Absicht der Monathstage, nunmehr um 10 Tage verschieden, aber dadurch auch wieder, mit dem Erdenlaufe, übereinstimmend.

Aug. Das war schön.

Kalm. Ja wohl. Das schönste, bei der Kalenderverbesserung, die der würdige Gregorius machte, war aber dies, daß er dabei die Einrichtung traf, daß in Zukunft nicht so bald wieder so eine Verwirrung entstehen könnte.

Aug. Wie so?

Kalm. Er verordnete, daß zwar in seinem Kalender ebenfalls jedes vierte Jahr ein Schaltjahr, wie im Julianischen, sein sollte, die **Schlußjahre der Jahrhunderte ausgenommen.**

Aug. Was sind das für Jahre?

Kalm. Die Jahre 1600, 1700, 1800, 1900, 2000, 2100, 2200, 2300, 2400, u. s. w. Diese sind in dem alten julianischen Kalender, eines wie das andre, Schaltjahre.

Aug. Im Gregorianischen sollten es aber gemeine Jahre von 365 Tagen sein, nicht wahr?

Kalm.

Kalm. Nicht alle, sondern nur allezeit 3 hintereinander das 4te aber, jederzeit wieder ein Schaltjahr.

Aug. Wie ist das zu verstehen?

Kalm. Sehr leichte, das Jahr 1600 ließ er in seinem Kalender, wie in dem alten Julianischen, für ein Schaltjahr gelten, befahl aber, daß nunmehro die Schlußjahre der 3 darauf folgenden Jahrhunderte, also die Jahre 1700, 1800 und 1900, gemeine Jahre und erst das Schlußjahr des hierauffolgenden 4ten Jahrhunderts, nämlich das Jahr 2000, wieder ein Schaltjahr sein sollte.

Aug. Warum aber das?

Kalm. Aus einer sehr gegründeten Ursache. Weil man nämlich in einem Kalender keine Stunden, vielweniger Minuten und Secunden, für die Dauer des Jahres angeben kann; so mußte also Gregorius, auch in seinem Kalender, die gemeinen Jahre gerade zu 365, die Schaltjahre aber akkurat zu 366 Tagen annehmen. Er konnte also auf jene 11 Minuten, um welche ein Jahr zu lang ist, wenn mans, zu 6 vollen Stunden, über 365 Tage rechnete, nicht bei jedem einzelnen Jahre Rücksicht nehmen — sein Kalender war also, ob er gleich jene 10 Tage herausgeworfen hätte — nun doch wieder jährlich um 11 und ohngefähr $\frac{1}{4}$ Minute zu lang.

Aug. Alles sehr natürlich.

Kalm.

Kaln. In 100 Jahren trug dies schon wieder 18 Stunden, 44 Minuten und 10 Secunden aus. Damit er nun diese 18 Stunden, 44 Minuten und 10 Secunden alle hundert Jahre, aus seinem Kalender wieder herausbringen möchte, so befahl er, in dem lezten Jahre des Jahrhunderts, allemal einen ganzen Tag wegzulassen, die Schlußjahre der Jahrhunderte, die eigentlich, der Regel nach, Schaltjahre sein sollten, 3 mal hintereinander, zu gemeinen Jahren von 365 Tagen zu machen.

Aug. Sie sagten vorhin, jener Ueberfluß von 11 Minuten, und 17 Secunden, um die man das Jahr zu lang rechne, wenn man es gerade zu 6 Stunden über 365 vollen Tage annähme, betrüge in 100 Jahren, nur 18 Stunden, 44 Minuten und 10 Secunden, wenn nun aber Gregorius alle 100 Jahre einen ganzen Tag wegließ — so war das ja zu viel?

Kalm. Ganz richtig, alle 100 Jahre 5 Stunden, 15 Minuten und 50 Secunden zu viel, dies beträgt in 200 Jahren — 10 Stunden, 31 Minuten, 40 Secunden — in 300 Jahren 15 Stunden, 47 Minuten, 30 Secunden — in 400 Jahren 21 Stunden 3 Minuten 20 Secunden, also fast einen ganzen Tag, damit nun dieses, was er in 400 Jahren zu viel herauswerfen ließ, wieder in den Kalender hineinkomme, so verordnete er eben, daß das Schluß-

Schlußjahr eines jeden **v i e r t e n** Jahrhunderts, also zuerst das Jahr 2000 ein Schaltjahr von 366 Tagen sein sollte.

Aug. Das heiß ich die Sache aus dem Grunde heraus berechnen.

Kalm. Ja wohl, denn durch diese Einrichtung ist es dahin gebracht, daß der neue gregorianische Kalender, doch wenigstens so ziemlich mit dem Erdenlaufe übereinstimmend, die Jahre anzeiget.

Aug. So ziemlich, sagen Sie, nicht ganz?

Kalm. Nein denn alle 400 Jahre sind noch 2 Stunden, 56 Minuten, 40 Secunden zu viel darinne, und wenn wir, von itzt (1794) an, noch 3046 Jahre, (also bis zum Jahre 4840 nach Christi Geburt) leben, so wird der Kalender wieder um einen ganzen Tag zu lang sein.

Aug. Ach wenn die Unrichtigkeit dieses Kalenders nicht größer ist, so mag's hingehen, denn in 3046 Jahren, wird uns beiden gewiß der Schnupfen nicht mehr plagen.

Kalm. Ja wohl, aber auch diese Verschiedenheit, die dann der Kalender, mit dem wahren Erdenlaufe, machen wird, ist sehr leichte zu heben, denn das Jahr 4840 nach Christi Geburt, sollte eigentlich, der Regel nach, ein Schaltjahr von 366 Tagen sein, wird aber zu einem gemeinen Jahre von 365 gemacht werden, und so der Kalender dann mit dem Erdenlaufe wieder übereinstimmig gehen.

Aug. Warum hat man denn aber, wenn dieser

gre-

gregorianische Kalender so richtig berechnet ist, noch
einen andern Kalender gemacht, nämlich den soge-
genannten verbefferten, nach welchem wir uns richten?

Kalm. Eigentlich ist unser sogenannter neuver-
befferter Kalender, in Absicht der Berechnung kein
andrer als der Gregorianische. — Ich will Ihm aber
gleich sagen, wie die Sache eigentlich zugieng. Da
nämlich Gregorius seinen neuen Kalender 1582
machen ließ, und in den gesammten christlich deutschen Ländern einführen wollte, so nahmen denselben
nur die Katholiken an, die Protestanten hingegen nicht; diese waren einmahl hinter das Pro-
testiren gekommen, protestirten also auch gegen die
Annahme dieses Kalenders, und blieben beim alten
Julianischen.

Aug. Ich dächte, das wäre falsch gewesen.

Kalm. Ei freilich, und wenn man aufrichtig reden soll, so haben sich die Protestanten dadurch auch
keine Ehre erworben, denn der neue Gregorianische
Kalender war der richtige, der alte julianische hingegen falsch, denn er ging 10 ganzer Tage, gegen
den wahren Erdenlauf gerechnet, zu späte, sie protestirten also gegen das Richtige, und behielten das Un-
richtige, blos weil jenes vom Pabste herrührte.

Aug. Das war auf alle Fälle sehr thöricht.

Kalm. Ja wohl! Es verursachte aber auch gar
große Verwirrung zwischen den katholischen und protestantischen Ländern. Wenn z. E. in diesen der

Sonn-

Sonntag gefeiert wurde, so war es in ..nen Mitt=
woche, oder ein andrer Wochentag, und so umge=
kehrt, oder wenn die Protestanten z. E. ihr Pfingst=
fest feierten, so war es bei dem Katholiken schon vor=
bei und dergleichen. Kurz es war alles in Ver=
wirrung, die man auch gar bald einsah.

Aug. Nun so werden doch die Protestanten nach=
gegeben und den neuen Kalender ebenfalls in ihren
Ländern angegeben haben.

Kalm. Nicht so geschwinde. Durch das ganze
17de Jahrhundert dauerte diese Verwirrung fort,
und erst ganz gegen das Ende desselben brachte es
ein Professor in Jena, Namens Erhardt Wei=
gel, bei dem Kaiser, und den evangelischen Reichs=
ständen in Regensburg dahin, daß, von dem Jahre
1700 an, der alte Julianische Kalender auch für
die protestantischen Länder verbessert wurde.

Aug. Das war brav.

_____

Kalm. Wie er schon weiß, so war 1582 schon
der alte Julianische Kalender von dem Gregoriani=
schen, um 10 Tage, verschieden. Vom Jahre 1700
an, betrug dieser Unterschied aber 11 Tage.

Aug. Warum denn das?

Kalm. Weil das Jahr 1700, im Julianischen
Kalender ein Schaltjahr von 366 Tagen, im Gre=
gorianischen aber, nach der ausdrücklichen Ver=
fügung des würdigen Pabstes, nur ein gemeines
Jahr

Jahr von 365 Tagen war, dadurch kam ja der alte Kalender, gegen den neuen gerechnet, wieder um einen Tag mehr, also zusammen, um 11 Tage zurück. *)

Aug. Richtig.

Kalm. Es mußten also die Protestanten, wenn sie einen richtigen Kalender haben wollten, in diesem Jahre auch 11 Tage daraus weglassen.

Aug. Ganz natürlich.

Kalm. Dies geschah denn auch und zwar im Februar 1700. Man machte nämlich diesen Monath in diesem Jahre nur 18 Tage lang, so, daß nach dem 18den Februar gleich der 1ste März folgte. Freitag war nämlich der 16de Februar, Sonnabend der 17de, Sonntag der 18de und Montag gleich der 1ste März, Dienstag der 2te u. f. w.

Aug. Auf die Art kommen ja aber nur 10 Tage heraus, denn 18 und 10 ist ja 28 und so viel Tage hat ja nur der Februar.

Kalm. Ich habe ihm ja schon gesagt, daß im Julianischen Kalender dieses Jahr ein Schaltjahr war, der Februar also in demselben 29 Tage hatte. Nach dem

*) Von dem Jahre 1800 an, wird dieser Unterschied, aus eben dem Grunde (wo il nämlich dieses Jahr, nach dem Julianischen Kalender, 366, nach dem gregorischen aber nur 365 Tage haben wird) 12 Tage, vom Jahre 1900 an, 13 Tage, vom Jahre 2100 an, 14 Tage betragen u. s. w.

dem julianischen Kalender gerechnet, wurden also
doch 11 Tage weggeworfen.

Aug. Auf die Art haben Sie Recht.

Kalm. Ich dacht's doch auch, denn 18 und 11
ist ja 29 — Eilf Tage wurden also herausgeworfen, so diese Verwirrung in Deutschland, zwischen
Katholiken, und Protestanten, in Absicht des Kalenders gehoben, und die Zeit, im Grunde, nunmehro
nach einerlei Kalender berechnet, denn der Gregorianische, und unser sogenannte neuverbesserte
sind vollkommen übereinstimmend, außer erstlich, daß
bei manchen Monathstagen, in dem verbesserten,
oder protestantischen Kalender, andre Namen stehen,
als in jenem, und zweitens, daß im Gregorianischen, die Sommersonntage von Pfingsten, im verbesserten aber vom Trinitatisfeste an, bis zur Ad-
ventszeit, gezählet werden, denn z. E. unser erster
Sonntag nach Trinitatis, heist bei den Katholiken,
der zweite Sonntag nach Pfingsten u. s. w.

Aug. O das sind Kleinigkeiten!

Kalm. Ja wohl. Diesen ohngeachtet gab es seit
der Zeit, doch wieder etlichemahl tüchtige Verwir-
rungen zwischen den Protestanten und Katholiken, in
Absicht des Kalenders, denn jene, die Protestanten,
hatten, bei der Verbesserung ihres Kalenders, ausgemacht, daß der Ostervollmond nicht blos, wie bei
den Katholiken, durch die Epackten — sondern durch
gelehrte Leute nach den Regeln der Himmelskunde,
(wie z. E. die Mondenfinsternisse) auf die Minute

Hundertj. Kal.   E   aus-

ausgerechnet, und nach dieser genauen Berechnung
jedes mahl Ostern angesetzet werden sollte.

Aug. Ganz gut — wenn ich nur aber auch verstanden hätte, was Sie mir ist sagten, denn was
sind denn das für Dinge — die Epacten?

Kalm. Nur Gedult, es soll Ihm dies nächstens
deutlich werden. Vor der Hand, will ich Ihm nur
so viel sagen, daß die Epactenrechnung eine Rechnung ist, wodurch man, durchs ganze Jahr hindurch,
alle Mondenwechsel, also auch den Ostervollmond finden kann — aber freilich nicht immer so ganz genau, bis auf den Tag, als wenn man dies nach den
Regeln der Himmelskunde, (so wie die Sonnenfin-
sternisse) bis auf die Minute ausrechnet. Die Verwirrung aber, welche zwischen den Protestanten und
Katholiken aus dieser verschiedenen Ausrechnungs-
art des Osterfestes entsprang, bestand darinnen, daß
die Katholiken, seit 1700, ihre Ostern 2 mahl, 8
Tage später feierten als die Protestanten, nämlich
1724, wo, im verbesserten Kalender, Ostern den
9ten, im Gregorianischen aber erst den 16ten April
fiel, — und 1744, wo die Protestanten, nach ihrem
Kalender, schon den 29 März, die Katholiken aber
erst den 5ten April Ostern hielten, mithin auch in
beiden Jahren, alle andre bewegliche Feste im Jahre, *) 8 Tage verschieden von einander feierten.

Aug. Es ist doch wunderlich.

Kalm.

*) Die, welche Seite 41 und 42 angegeben sind.

Kalm. Nicht blos wunderlich, sondern es war dies auch, unter andern, für den Handel und Wandel in ganz Deutschland sehr schädlich, verursachte z. E. in Absicht der Messen und Jahrmärkte, die nach gewissen beweglichen Festen im Jahre angesetzt sind, eine ordentliche Stockung, so daß auch die evangelischen Reichsstände, in Regensburg *) öffentlich bekannt machten, daß nicht nur 1778, sondern, von nun an, jederzeit Ostern mit den Katholiken an einem Tage gefeiert, der Ostervollmond also künftighin, auch in dem verbesserten Kalender, wie im Gregorianischen blos durch die Epaktenrechnung gesucht werden sollte, — wodurch es denn dahin gekommen ist, daß so eine Verwirrung zwischen Katholiken und Protestanten in Absicht des Osterfestes nie wieder entstehen kann — und wir nunmehro einen allgemeinen Reichskalender haben.

Aug. Das ist schön, aber ich möchte nur auch wissen, was es mit den Epakten und der Ausrechnung des Osterfestes eigentlich für eine Bewandniß habe.

Kalm. Davon morgen und übermorgen.

*) Da sie erfuhren, daß 1778 der nämliche Fall eintreten, und Ostern bei den Protestanten, nach ihrer Rechnung, wieder 8 Tage eher fallen werde, als bei den Katholiken.

Fünf-

Fünftes Gespräche,

in welchem vom Ostermonde, dem Mondenzirkel und der goldnen Zahl gehandelt wird.

••••••••••••••••••••••••

Kalm. Wie ich Ihm letzthin schon (auf der 37 Seite) sagte, so muß man, wenn man für ein gewisses Jahr einen Kalender verfertigen will, unter andern, auch wissen, auf welche Monathstage, in demselben, die (auf der 41 und folgenden Seite angegebenen) beweglichen Feste fallen.

Aug. Ganz natürlich.

Kalm. Diese richten sich nun, wie ich ihm damahls auch schon erinnerte, insgesammt, nach dem Osterfeste des Jahres, fällt dies bald — so werden auch alle bewegliche Feste im Jahre bald gehalten, so wie sie späte gefeiert werden, sobald Ostern späte fällt.

Aug. Ja wie kann ich nun aber wissen, ob in einem gewissen Jahre — Ostern bald oder spät einfällt?

Kalm. Durch die Berechnung des Ostermondes.

Aug. Was ist denn das für ein Mond — der Ostermond? Ich habe Sie schon gestern deswegen fragen wollen.

Kalm. Derjenige Vollmond, welcher gleich zuerst

erſt im Frühlinge eines jeden Jahres fällt. Man ſetzte nämlich auf einer ſogenannten Kirchenverſammlung, welche im Jahre 325 gehalten wurde, feſt,

1) daß Oſtern jederzeit an einem Sonntage und zwar

2) in der ganzen Chriſtenheit zugleich, allemahl an demjenigen Sonntage, der gleich nach dem erſten Vollmond im Frühjahre iſt,

3) daß wenn dieſer Vollmond auf einen Sonntag falle, 8 Tage darauf, nie aber

4) mit den Juden zugleich gefeiert werden ſollte.

Dies ſind die Geſetze wegen der Oſterfeier, die überall gelten, wo Chriſten ſind, und Oſtern gehalten wird. Die Hauptſache dabei iſt alſo der erſte Vollmond in jedem Frühjahre — dieſer beſtimmt Oſtern, und heiſt daher geradehin der Oſtermond. —

Aug. Wenn haben wir denn gleich jedes Jahr Frühlingsanfang?

Kalm. Recht genau genommen, nicht ein Jahr wie das andre, allein in jenem 325ſten Jahre nach Chriſti Geburt, in welchem jene Oſtergeſetze feſtgeſetzt wurden, fiel Frühlingsanfang den 21 März, und jene allgemeine Kirchenverſammlung, verordnete daher:

daß von damahls an, in jedem Jahre, einmahl wie das andere, der 21ſte März als Frühlingsanfang angenommen werden ſollte.

Wel=

welches denn auch, bis diese Stunde, in allen christs
lichen Ländern noch geschieht.

Aug. So ist das.

Kalm. Haben wir nun gleich den 21 März, oder
bald darauf einen Vollmond, so wird auch Ostern
bald gehalten, trifft aber, daß wir, kurz vor dem
21sten März, Vollmond gehabt haben, nun so
dauerts freilich lang, ehe er wieder voll wird, wir
haben also auch in diesem Falle Ostern späte.

Aug. Natürlich.

Kalm. Am allerspätesten fällt Ostern da, wenn
der Mond den 20 März, also nur einen einzigen
Tag vor Frühlingsanfang, voll war, denn dann haben wir erst den 18ten April wieder einen Vollmond. Trifft's nun etwa noch gar dabei, daß dieser
18 April zugleich ein Sonntag ist, so wird Ostern
(nach dem 3ten Kirchengesetze, das ich Ihm vorhin
bekannt machte) 8 Tage darnach, also erst den 25sten
April gefeiert. Dies ist aber auch die äußerste
Grenze, später kann es niemahls fallen, aber
auch nie eher als den 22sten März, und dies geschieht nur in dem Falle, wenn wir akkurat den 21
März — also den ersten Tag im Frühlinge — Vollmond haben, und dieser Tag zugleich ein Sonnabend ist.

Aug. Das hab ich auch noch nicht gewußt. Aber
nun sagen Sie mir doch, wie ich wissen kann, auf
welchen Tag dieser Vollmond fällt — ob gleich zu
Früh=

Frühlingsanfange, oder bald oder ſpät nach demſelben?

Kalm. Darzu, und überhaupt zur Berechnung
der Mondenwechſel durchs ganze Jahr hindurch, um
nämlich ohngefähr angeben zu können, an welchen Tagen im Jahre Neumond, Erſtes Viertel, Vollmond,
oder letztes Viertel iſt — darzu hat man von jeher
verſchiedene Mittel erfunden.

Aug. Auf dieſe bin ich begierig.

Kalm. Damahls, da ausgemacht wurde, wenn
in jedem Jahre Oſtern gefeiert werden ſollte, und
auch lang nachher noch, brauchte man darzu den
Mondenzirkel oder die goldne Zahl.

Aug. Ei das iſt gut, daß Sie mir ſelbſt darauf
helfen, denn ich habe Sie ſchon einmahl fragen wollen: was das für Dinge ſind?

Kalm. Das ſoll Er gleich erfahren.   Ich will
mir nur erſt ein Pfeifchen Taback ſtopfen.

———————

Kalm. Daß der Mond, von einer Zeit zur andern, ſeine Lichtgeſtalten verändert, daß er bald
gar nicht, bald halb, bald ganz am Himmel zu ſehen iſt, das bemerkte man, wie ich Ihm ſchon zu
einer andern Zeit geſagt habe, gar bald. Wie dies
aber zugehe, wußte man eben ſo wenig, als man
im Stande war voraus zu berechnen, an welchen
Tagen es z. E. in dem kommenden Jahre Neumond
oder Vollmond, erſtes oder letztes Viertel ſein werde.

E 4   Aug.

Aug. Das glaub ich selbst, denn ohnerachtet ich *)
gar wohl weiß, wie es zugehet, daß wir den Mond
nicht immer unter einerlei Gestalt sehen, so kann
ich diese Veränderung doch immer noch nicht voraus
berechnen.

Kalm. Heute und morgen soll Er auch das noch
lernen, so weit man es nemlich, ohne gelehrte Kenntnisse in der Himmelskunde, zur Verfertigung eines
Kalenders lernen kann.

Aug. Mehr brauch ich auch nicht.

Kalm. Ohngefähr 430 Jahre vor Christi Ge-
burt kam ein gewisser gescheider Mann, Namens
Meton dahinter, daß die Neumonde, ersten Vier-
tel, Vollmonde, und letzten Viertel, nach neunzehn
Jahren, wieder auf die nämlichen Monathstage im
Jahre fallen, wie sie vor 19 Jahren fielen.

Aug. Das wäre wirklich?

Kalm. Ja, zwar nicht wieder auf die nämlichen
Stunden und Minuten, aber doch gewöhnlich wieder
auf die nämlichen Tage. Dieser Zeitraum von 19
Jahren, nach deren Verlauf die Mondenwechsel durchs
ganze Jahr hindurch, wieder auf die nämlichen Tage fallen, nennte er nun einen Mondenzirkel.

Aug. So ist das?

Kalm. Ja, um ferner nach diesem Zirkel, die
Mondenwechsel immer, von einem Jahre zum andern,

*) Aus dem 17den Gespräche im aufrichtigen Kalender-
manne.

dern, voraus angeben zu können, so verfertigte er eine Tabelle, in welcher er angab, auf welchen Monathstage in jedem Jahre dieses Mondenzirkels die Neumonde fielen.

Aug. Ich versteh' Sie noch immer nicht. Wie war denn diese Tabelle eigentlich eingerichtet?

Kalm. Auf folgende Art. Im ersten Jahre dieses Mondenzirkels schrieb er zu allen den Monathstagen, durchs ganze Jahr hindurch, eine Eins — im zweiten, zu allen den Tagen, an welchen Neumond war, eine Zwei u. s. w. durch alle 19 Jahre hindurch.

Aug. Was half ihm denn aber das?

Kalm. Gar viel, denn nun durfte er nur wissen, das wievielste Jahr im Mondenzirkel ein gewisses Jahr war, so konnte er, aus seiner Tabelle, den Augenblick, sagen, an welchen Tagen in diesem Jahre, Neumond sein werde.

Aug. Das wüßt ich doch nicht.

Kalm. Auf eine sehr begreifliche Art. Er soll's gleich sehen. Hier hat Er so eine Tabelle, in welcher die 12 Monathe stehen, davon jeder 2 Linien hat, wo in jeder eine Reihe Zahlen befindlich sind — eine Reihe Deutsche, welche die Monathstage, durchs Jahr hindurch, angiebt, und eine Reihe lateinische, welches das jedesmahlige Jahr des Mondenzirkels anzeiget.

Janu-

goldne Zahl	Monatstage	goldne Zahl	Monatstage	goldne Zahl	Monatstage	goldne Zahl	Monatstage	goldne Zahl
—	1	III	1	—	1	XI	1	—
XI	2	—	2	XI	2	—	2	XIX
XI	3	XI	3	—	3	XIX	3	VIII
VIII	4	XIX	4	XIX	4	VIII	4	XVI
—	5	VIII	5	VIII	5	—	5	V
XVI	6	—	6	XVI	6	XVI	6	—
V	7	XVI	7	V	7	V	7	XIII
—	8	V	8	—	8	—	8	II
XIII	9	—	9	XIII	9	XIII	9	—
II	10	XIII	10	II	10	II	10	X
—	11	II	11	—	11	—	11	—
X	12	—	12	X	12	X	12	XVIII
—	13	X	13	—	13	—	13	VII
XVIII	14	—	14	XVIII	14	XVIII	14	—
VII	15	XVIII	15	VII	15	VII	15	XV
—	16	VIII	16	—	16	—	16	IV
XV	17	—	17	XV	17	XV	17	—
IV	18	XV	18	IV	18	IV	18	XII
—	19	IV	19	—	19	—	19	I
XII	20	—	20	XII	20	XII	20	—
I	21	XII	21	I	21	I	21	IX
—	22	I	22	—	22	—	22	—
IX	23	—	23	IX	23	IX	23	XVII
—	24	IX	24	—	24	—	24	VI
XVII	25	—	25	XVII	25	XVII	25	—
VI	26	XVII	26	VI	26	VI	26	XIV
—	27	VI	27	—	27	—	27	III
XIV	28	—	28	XIV	28	XIV	28	—
	29	XIV	29	III	29	III	29	XI
	30	III	30	—	30	—	30	—
	31		31		31	XI		

| Julius | | August | | Sept. | | Octobr. | | Novemb. | | Decemb. | |
Monatstage	goldne Zahl	Monatstage	goldne Zahl	Monatstage	goldne Zahl	Monatstage	goldne Zahl	Monatstage	goldne Zahl	Monatstage	goldne Zahl
1	XIX	1	VIII	1	XVI	1	XVI	1	—	1	XIII
2	VIII	2	XVI	2	V	2	V	2	XIII	2	II
3	—	3	V	3	—	3	XIII	3	III	3	—
4	XVI	4	—	4	XIII	4	II	4	—	4	X
5	V	5	XIII	5	II	5	—	5	X	5	—
6	—	6	II	6	—	6	X	6	—	6	XVIII
7	XIII	7	—	7	X	7	—	7	XVIII	7	VII
8	II	8	X	8	—	8	XVIII	8	VII	8	—
9	—	9	—	9	XVIII	9	VII	9	—	9	XV
10	X	10	XVIII	10	VII	10	—	10	XV	10	IV
11	—	11	VII	11	—	11	XV	11	IV	11	—
12	XVIII	12	—	12	XV	12	IV	12	—	12	XII
13	VII	13	XV	13	IV	13	—	13	XII	13	I
14	—	14	IV	14	—	14	XII	14	I	14	—
15	XV	15	—	15	XII	15	I	15	—	15	IX
16	IV	16	XII	16	I	16	—	16	IX	16	—
17		17	I	17	—	17	IX	17	—	17	XVII
18	XII	18	—	18	IX	18	—	18	XVII	18	VI
19	I	19	IX	19	—	19	XVII	19	VI	19	—
20	—	20	—	20	XVII	20	VI	20	—	20	XIV
21	IX	21	XVII	21	VI	21	—	21	XIV	21	III
22		22	VI	22	—	22	XIV	22	III	22	—
23	XVII	23	—	23	XIV	23	III	23	—	23	XI
24	VI	24	XIV	24	III	24	—	24	XI	24	XIX
25	—	25	III	25	—	25	XI	25	XIX	25	—
26	XIV	26	—	26	XI	26	XIX	26	—	26	VIII
27	III	27	XI	27	XIX	27	—	27	VIII	27	—
28	—	28	XIX	28	—	28	VIII	28	—	28	XVI
29	XI	29	—	29	VIII	29	—	29	XVI	29	V
30	XIX	30	VIII	30	—	30	XVI	30	V	30	—
31	—	31	—			31	V			31	XIII

Kalm Sieht Er's.

Aug. Ich seh es gar wohl, aber wie soll ich nun aus den lateinischen Zahlen sehen können, an welchen Tagen im Jahre, wir Neumond haben.

Kalm. Sehr leicht. Nicht wahr? neben dem 23 Jan. — 21 Febr. — 23 März — 21 Apr. 21 Mai. — 19 Jun. — 19 Jult. — 17 Aug. — 16 Sept. — 15 Oct. — 14 Nov. und 13 Dec. steht in der Tabelle eine lateinische E i n s.

Aug. Wie ich nicht anders sehe.

Kalm. Wenn nun ein gewissers Jahr — das e r s t e Jahr im Mondenzirkel ist, so fällt auch auf a l l e diese Tage (neben welchen nämlich eine lateinische E i n s steht) der Neumond — und diese Eins heist dann die g o l d n e Z a h l für dieses Jahr.

Aug. Warum hat sie aber diesen Namen?

Kalm. Weil sie in den vorigen Zeiten — ihres grossen Nutzens wegen — mit Goldfarbe in die Kalender gesetzt wurde. — War z. E. das Jahr, zu welchem der Kalender gemacht werden solte, das zweite Jahr eines Mondenzirkels, so wurde eine goldne 2 vorne vor, auf dem Kalender gedruckt — und an allen den Tagen, neben welchen, in der Tabelle, eine lateinische Zwei steht, nämlich den 12 Jan. — 10 Febr. — 12 März — 10 April — 10 Mai — 8 Jun. — 8 Jul. — 6 Aug. — 5 Sept. — 4 Octob. — 3 Nov. und 2 Dec. Neumond. — Ist ein gewisses Jahr, das 3te Jahr eines Mondenzirkel, so ist die 3 für dieses Jahr die gold-

goldne Zahl, das heißt: die (Römische) Drei, in der Tabelle, zeiget mir alle die Monathstage, an welchen wir, in diesem Jahre, Neumond haben — u. s. w. durch alle 19 Jahre hindurch.

Aug. Aber wie weiß ich nun, das wievielste Jahr eines Mondenzirkels ein gewisses Jahr ist? was wir also in diesem Jahre, für eine goldne Zahl haben?

Kalm. Dies erfährt Er durch Rechnung.

1) Addirt Er zu derjenigen Jahrzahl, zu der Er die goldne Zahl in der Tabelle wissen will, noch Eins.

2) Dividirt er diese Summe mit 19, und giebt dann

3) Achtung, was, bei dieser Division, als Rest übrig bleibt — denn das ist die goldne Zahl, für dasjenige Jahr, das Er berechnet hat. — Bleibt nichts übrig, so ist 19 die goldne Zahl.

Kalm. Wenn Er also wissen wollte, das wievielste Jahr eines Mondenzirkels, das Jahr 1795 sein wird, oder mit andern Worten: was wir im Jahre 1795 für eine goldne Zahl haben werden, was müßte Er also thun?

Aug. Erstlich Eins zu dieser Jahrzahl addiren — 1795 und Eins, macht 1796.

Kalm. Was weiter?

Aug. Diese Summe mit 19 dividiren (er rech-net)

net) — 19 in 1796 hab ich 94 mahl — und
bleibt 10 dabei übrig.

Kalm. Die 10 ist also für das Jahr 1795 die
g o l d n e Z a h l.

Aug. Nun versteh ich sie — die römische Zahl
zeigt mir also, in der Tabelle, alle die Tage, an
welchen wir, 1795. Neumond haben. —

Kalm. Davon nachher noch etwas.

⸻

Itzt will ich Ihm nur erst sagen, wie man sonst,
durch die sogenannte goldne Zahl, das Osterfest,
für jedes Jahr, berechnete.

Aug. Darauf freue ich mich.

Kalm. E r s t l i c h suchte man die goldne Zahl,
für das Jahr, von welchem man den Tag
des Osterfestes ausrechnen wollte, auf die
Art, wie ich Ihm, itzt den Augenblick, gesagt habe.

Z w e i t e n s gab man Achtung, neben welchem Tage, in der Tabelle, diese goldne Zahl
vom 8ten März an, bis zum 5 April
stand, das heist: man suchte durch sie, denjenigen Neumond, der vom 8ten März
an, bis zum 5ten April fiel, und während dieser Zeit muß allezeit einer fallen.

D r i t t e n s zählte man nun, von demjenigen Tage an, neben welchen diese goldne
Zahl

Zahl (vom 8ten März bis zum 5ten
April) stand, an welchem es also Neumond war, bis auf den 14ten Tag fort, —
so hatte man den ersten Vollmond im Frühlinge. War z. E. den 8ten März Neumond, so war der 21ste März der 14te
Tag — also Vollmond, und zwar der erste Vollmond im Frühjahre. Nun sahe man

Viertens, was man in eben diesem Jahre
für einen Sonntagsbuchstaben haben würde, und suchte endlich

Fünftens durch denselben in der Tabelle,
die ich Ihm ohnlängst (bei der 10ten Seite) gab, den nächsten Sonntag nach dem
gefundnen ersten Vollmonde, und man
hatte den **Ostertag.**

Aug. Wollen Sie nicht so gütig sein und mir
dieses Verfahren an einem Beispiele noch deutlicher
machen?

Kalm. Warum denn nicht. Wir wollen gleich
einmahl das Osterfest für das Jahr 1795 auf diese Art , nämlich durch die goldne Zahl suchen.
Rechn' Er also **erstlich** aus, was wir 1795 für
eine goldne Zahl haben werden.

Aug. Ei ich hab's ja vorhin schon ausgerechnet,
die 10.

Kalm. Gut. Nun geb Er **zweitens** Achtung, neben welchem Monathstage, vom 8 März

an,

an, bis zum 5 April in der Tabelle, eine (lateinische) Zehen steht.

Aug. Neben dem 14ten März.

Kalm. Richtig. Den 14ten März haben wir
also denjenigen Neumond, auf den es dies.mahl
ankommt?

Aug. Nach dem, was Sie mir vorhin, von der
goldnen Zahl, und ihrer Tabelle, gesagt haben — ja.

Kalm. Nun so zähl er drittens von diesem
14 März an, bis auf den 14ten Tag des Monden-
alters fort, oder zähl Er noch 13 Tage hinzu, so
wird er den Tag des Ostermondes haben — welcher ists?

Aug. (er sinnt ein wenig) der 27 März.

Kalm. Richtig. Was haben wir nun viertens,
1795, für einen Sonntagsbuchstaben?

Aug. Wie ich nicht anders weiß und, wenn ich
nicht irre, wie ich selbst ausgerechnet habe *), das
D.

Kalm. Neben welchem Tage steht nun fünftens das D, in der Sonntagsbuchstabentabelle, die
ich Ihm (bei der 10ten Seite) gegeben habe, das
erste Mahl wieder nach dem 27 März, wo wir
1795 den Ostermond haben?

Aug (sieht in jener Tabelle nach) Neben dem 29sten
März, 2 Tage darauf.

Kalm. Dies ist also der erste Sonntag nach dem
er-

*) Auf der 12ten Seite.

ersten Frühlingsvollmonde, und daher d e r Sonntag, an welchem, nach dieser Rechnung, 1795 Ostern gefeiert wird.

Aug. Nun versteh ich Sie, aber ich will auch im Kalender aufs Jahr 1795 nachsehen, ob dies alles so eintrifft.

Kalm. Das thu' Er! (August nimmt einen Kalender auf das Jahr 1795 und blättert darinne.)

Aug. Wenn hätten wir 1795 Ostern?

Kalm. Wie wir den Augenblick ausgerechnet haben   den 29 März.

Aug. Das trifft ja nicht ein, denn hier, nach dem Kalender auf das Jahr 1795 fällt ja Ostern den 5ten April — also 8 Tage später, als wir itzt ausrechneten.

Kalm. Das wär ein schöner Streich!

Aug. Ja warlich — Sehen Sie her (indem er ihm den Kalender zeigt.)   Wir haben uns vorhin gewiß verrechnet?

Kalm. Dafür stehe ich, daß wir richtig gerechnet haben.

Aug. So ist unser Kalender aufs Jahr 1795 falsch?

Kalm. Auch nicht.

Aug. Nun das ist mir ein Räthsel, das ich mir nicht auflösen kann.

Kalm. Ich wills Ihm gleich auflösen. Die ganze Art durch die goldne Zahl die Mondenwechsel im Jahre und des Osterfests so auszurechnen, wie ich

Hundertj. Kal.   F   Ihm

Ihm izt gezeigt habe, und wie man es ehedem wirklich ausrechnete, ist falsch, war nur auf eine sehr
kurze Zeit brauchbar.

Aug. Das wäre! Warum haben Sie mir denn
aber das Osterfest auf das Jahr 1795 so durch die
goldne Zahl berechnen lassen?

Kalm. Um Ihn eben mit einemmahle zu über-
zeigen, daß diese Art, das Osterfest, und die Mondenwechsel für ein Jahr zu berechnen falsch sei. —
Nach der goldnen Zahl, welche 1795 — die Zehne
ist, fallen die Neumonde d. 14 Jan. — 12 Febr.
— 14 März — 12 Apr. — 12 Mai — 10 Jun.
— 10 Jul. — 8 Aug. — 7 Sept. — 6 Oct.
5ten Nov. und 4 Dec. Denn neben allen diesen Tagen steht in der Tabelle eine (lateinische) Zehne.

Aug. Ganz richtig.

Kalm. Nun wollen wir aber sehen, an welchen
Tagen wir, nach dem Kalender, die Neumonde haben werden — nicht wahr? d. 21 Jan. — 19
Febr. — 21 März — 19 April — 18 Mai —
17 Jun. — 16 Jul. — 14 Aug. — 13 Sept.
— 12 Oct. — 11 Nov. — und 11 December?

Aug. Da trifft ja kein einziger Tag ein   die
sämmtlichen Neumonde fallen ja im Kalender 8 Tage später, als nach der goldnen Zahl in der Tabelle?

Kalm. Gar recht   — die Rechnung durch die
goldne Zahl taugt also nichts. — Es kann dies
aber auch nicht anders sein, denn die Neumonde,
fal-

fallen zwar, wie Meton zuerst bemerkte, aller 19
Jahr, wieder auf die nämlichen Tage im Jahre, wie
vor 19 Jahren, aber nie wieder auf die nämliche
Stunde und Minute — sondern aller 19 Jahr —
1 Stunde, 28 Minuten und 15 Secunden früher.

Aug. Ich erstaune nur darüber, daß man das
alles so genau ausgerechnet hat.

Kaln. Das muß man, indem solche Kleinigkeiten, mit den Jahren — in der Berechnung der
Zeit, gar große Veränderungen machen. — Eine
Stunde, 28 Minuten und 15 Secunden macht zwar,
in 19 Jahren, nicht viel Unterschied, aber in 312
und einem halben Jahre trägt es demohngeachtet
schon einen — in 625 Jahren schon zwei — und
in 1250 Jahren schon vier ganze Tage aus — um
welche alle Neumonde in der Natur früher fallen,
als sie, durch die goldne Zahl, in der Tabelle, angegeben werden. Man kam auch gar bald dahinter
— ließ daher diese Rechnungsart liegen, und wähl-
te dafür die Epactenrechnung, die ich Ihm morgen beschreiben will.

Sech-

Sechstes Gespräch,

in welchem gezeiget wird, was das für Dinge sind die Epackten — wie sie gesucht und wozu sie gebraucht werden.

••••••••••••••••••••••

Kalm. Die Neumonde fallen nicht ein Jahr, wie das andere, auf die nämlichen Monathstage, sondern alle Jahre 11 Tage früher, als im vorigen Jahre. Wenn wir also in dem gegenwärtigen Jahre, am Neujahrstage Neumond hätten, so fiel er übers Jahr, nicht etwa auch wieder aufs Neujahr, sondern 11 Tage früher, nämlich auf den 21 December vorher, der Mond wäre also am Neujahrstage übers Jahr, schon 11 Tage alt. — In 2 Jahren fiel er wieder 11 Tage früher, nämlich am 10 December - in 2 Jahren würde also der Mond, am Neujahrstage, schon 22 Tage alt sein. u. s. w.

Aug. In 3 Jahren würde er also wieder 11 Tage früher fallen — also am Neujahrstage schon 33 Tage alt sein.

Kalm. Dies ist halb wahr und halb falsch. — Wahr ists, daß auch in diesem 3ten Jahre der Neumond wieder 11 Tage früher, also den 30 November fallen würde — aber falsch ist es, wenn Er glaubt,

glaubt, daß der Mond dann am Neujahrstage 33 Tage alt sein wird.

Aug. Warum denn nicht? In 2 Jahren wäre er 22 Tage alt — in 3 Jahren müßte er doch also, am Neujahrstage, 33 Tage alt sein, denn 22 und 11 macht ja 33.

Kalm. Dies ist alles richtig, aber der Mond kann nie älter werden als 30 Tage, denn längst alle 30 Tage haben wir ja einmahl Neumond, während den 33 Tagen, die wir vom 30 November bis zum Neujahrstag haben, muß also noch einmahl Neumond sein.

Aug. Aber wenn?

Kalm. Rechn Er nur 30 von 33 ab, so wird Er s gleich finden.

Aug. Je nun, 30 von 33 bleibt 3.

Kalm. Richtig, also den 3ten Tag vor'm Neujahr würde es Neumond sein, oder: der Mond würde in 3 Jahren, am Neujahrstage 3 Tage, in 4 Jahren wieder 11 Tage älter — also 14 Tage, in fünf Jahren, wieder 11 Tage älter, also 25 Tage alt sein — u. s. w. Versteht Er mich nun?

Aug. Ei ich versteh Sie nun gar wohl.

Kalm. Wie alt würde nun aber der Mond in 6 Jahren, wo er wieder 11 Tage früher fiele, am Neujahrstage sein, wenn er in 5 Jahren 25 Tage alt wäre?

Aug. Nur 6 Tage, denn 11 und 25 macht 36, wenn ich nun 30 von diesen 36 abziehe, so bleibt 6.

Kalm.

Kaln. Schön! mein lieber August. Hier hat
er ein Verzeichniß, aus dem er die ganze Sache deutlich sehen kann, wie alt nämlich der Mond, von einem Jahre zum andern, am Neujahrstage ist.   -
Ich nehme dabei an, daß er im ersten Jahre, akkurat auf den Neujahrstag fällt, also noch gar kein
Alter hat, so ist er

am Neujahrstage, alt

im 2ten Jahre 11 Tage	im 11ten Jahre 20 Tage
— 3ten Jahre 22 —	— 12den — 1 Tag
— 4ten — 3 —	— 13den — 12 Tage
— 5ten — 14 —	— 14den — 23 —
— 6ten — 25 —	— 15den — 4 —
— 7ten — 6 —	— 16den — 15 —
— 8ten — 17 —	— 17den — 26 —
— 9ten — 28 —	— 18den — 7 —
— 10den — 9 —	— 19den — 18 —

Im 20sten Jahre fällt er dann wieder auf den Neujahrstag, hat also wieder einmahl gar kein Alter.
Im 21sten Jahre ist er aber am Neujahrstage wieder 11 Tage, im 22sten 22 Tage alt u. s. w., wie
sein Alter oben im Verzeichnisse, vom Jahre zu Jahre, auf einander folgt.

Aug. Aber was hilft mir's denn, wenn ich weiß,
wie alt der Mond heuer, oder übers Jahr, oder in
2 — 3 Jahren am Neujahrstage ist?

Kaln Zum Kalendermachen gar viel — denn
diejenigen Tage, welche der Mond, am Neu-
jahrs-

jahrstage, alt ist, nennt man eben den Mon=
denzeiger, oder die Epackten, auf die Er so
lange neugierig gewesen ist. —

Aug. Was? das wären die Epackten?

Kalm. Aufs Wort. — Wenn Er also z. E.
hört, daß 1788 im julianischen Kalender XXII,
im neuen aber I I. die Epackten für dieses Jahr
gewesen sind, so heist das so viel: Am Neujahrs=
tage 1788 war der Mond, nach dem alten Ka=
lender, 22 — nach dem neuen aber nur 3 Ta=
ge alt.

Aug. Ach! ach! über die Epackten! Ich hab'
Wunder gedacht, was das für Dinge sind. Aber
nun sagen Sie mir doch, wie man durch diese Epack=
ten oder durch das Alter, welches der Mond am
Neujahrstage hat, die Mondenwechsel, durchs gan=
ze Jahr hindurch, und wie Sie mir schon einige=
mahle sagten, auch das Osterfest berechnen kann?

Kalm. Beides auf eine sehr leichte Art — dar=
zu hat man aber eine Tabelle nöthig die ich Ihm
hier geben will.

Januar

Calendar / Epact table (rotated 90°)

Top half

Dec.		Nov.		Oct.		Sept.		Aug.		Jul.	
Epact	Tage	Epact	Tage	Epact	Tage	Epact	Tage	Epact	Tage	Epact	Tage
xx	1	xxi	1	xxii	1	xxiii	1	(xxv)	1	xxvi	1
xix	2	xx	2	xxi	2	xxii	2	(xxiv)	2	xxv	2
xviii	3	xix	3	xx	3	xxi	3	xxiii	3	xxiv	3
xvii	4	xviii	4	xix	4	xx	4	xxii	4	xxiii	4
xvi	5	xvii	5	xviii	5	xix	5	xxi	5	xxii	5
xv	6	xvi	6	xvii	6	xviii	6	xx	6	xxi	6
xiiii	7	xv	7	xvi	7	xvii	7	xix	7	xx	7
xiii	8	xiiii	8	xv	8	xvi	8	xviii	8	xix	8
xii	9	xiii	9	xiiii	9	xv	9	xvii	9	xviii	9
xi	10	xii	10	xiii	10	xiiii	10	xvi	10	xvii	10
x	11	xi	11	xii	11	xiii	11	xv	11	xvi	11
ix	12	x	12	xi	12	xii	12	xiiii	12	xv	12
viii	13	ix	13	x	13	xi	13	xiii	13	xiiii	13
vii	14	viii	14	ix	14	x	14	xii	14	xiii	14
vi	15	vii	15	viii	15	ix	15	xi	15	xii	15
v	16	vi	16	vii	16	viii	16	x	16	xi	16
iiii	17	v	17	vi	17	vii	17	ix	17	x	17
iii	18	iiii	18	v	18	vi	18	viii	18	ix	18
ii	19	iii	19	iiii	19	v	19	vii	19	viii	19
i	20	ii	20	iii	20	iiii	20	vi	20	vii	20
0	21	i	21	ii	21	iii	21	v	21	vi	21
xxix	22	0	22	i	22	ii	22	iiii	22	v	22
xxviii	23	xxix	23	0	23	i	23	iii	23	iiii	23
xxvii	24	xxviii	24	xxix	24	0	24	ii	24	iii	24
xxv	25	xxvii	25	xxviii	25	xxix	25	i	25	ii	25
xxx	26	xxvi	26	xxvii	26	xxviii	26	0	26	i	26
(xxv)	27	(xxv)	27	xxvi	27	xxvii	27	xxix	27	0	27
xxiiii	28	(xxv)	28	xxv	28	xxvi	28	xxviii	28	xxix	28
xxiii	29	xxiiii	29	xxiiii	29	(xxv)	29	xxvii	29	xxviii	29
xxii	30	xxiii	30	xxiii	30	(xxv)	30	xxvi	30	xxvii	30
xxi	31			xxii	31			xxv	31	xxvi	31

Bottom half

Januar	Febr.		Mär.		April.		Mai.		Juni.	
Tage	Epact	Tage	Epact	Tage	Epact	Tage	Epact	Tage	Epact	Tage
1	0	1	xxix	1	0	1	xxix	1	xxviii	1
2	xxix	2	xxviii	2	xxix	2	xxviii	2	xxvii	2
3	xxviii	3	xxvii	3	xxviii	3	xxvii	3	xxvi	3
4	xxvii	4	xxvi	4	xxvii	4	xxvi	4	(xxv)	4
5	xxvi	5	(xxv)	5	xxvi	5	(xxv)	5	xxiiii	5
6	(xxv)	6	xxiiii	6	(xxv)	6	xxiiii	6	xxiii	6
7	xxiiii	7	xxiii	7	xxiiii	7	xxiii	7	xxii	7
8	xxiii	8	xxii	8	xxiii	8	xxii	8	xxi	8
9	xxii	9	xxi	9	xxii	9	xxi	9	xx	9
10	xxi	10	xx	10	xxi	10	xx	10	xix	10
11	xx	11	xix	11	xx	11	xix	11	xviii	11
12	xix	12	xviii	12	xix	12	xviii	12	xvii	12
13	xviii	13	xvii	13	xviii	13	xvii	13	xvi	13
14	xvii	14	xvi	14	xvii	14	xvi	14	xv	14
15	xvi	15	xv	15	xvi	15	xv	15	xiiii	15
16	xv	16	xiiii	16	xv	16	xiiii	16	xiii	16
17	xiiii	17	xiii	17	xiiii	17	xiii	17	xii	17
18	xiii	18	xii	18	xiii	18	xii	18	xi	18
19	xii	19	xi	19	xii	19	xi	19	x	19
20	xi	20	x	20	xi	20	x	20	ix	20
21	x	21	ix	21	x	21	ix	21	viii	21
22	ix	22	viii	22	ix	22	viii	22	vii	22
23	viii	23	vii	23	viii	23	vii	23	vi	23
24	vii	24	vi	24	vii	24	vi	24	v	24
25	vi	25	v	25	vi	25	v	25	iiii	25
26	v	26	iiii	26	v	26	iiii	26	iii	26
27	iiii	27	iii	27	iiii	27	iii	27	ii	27
28	iii	28	ii	28	iii	28	ii	28	i	28
29	ii		i	29	ii	29	i	29	0	29
30	i		0	30	i	30	0	30	xxix	30
31	0			31	0		xxix	31		

Kalm. Sieht Er, diese Tabelle enthält die 12 Monathe, und ein jeder derselben 2 Reihen Zahlen — eine Reihe Deutsche, welche die Tage des Monaths anzeigen — und eine Reihe Lateinische, welche zur Berechnung der Mondenwechsel und des Osterfestes, durch die Epacten, dienen.

Aug. Aber wie? das weiß der liebe Gott.

Kalm. Auch Er soll's den Augenblick erfahren: Die Epacten nämlich, die wir in einem gewissen Jahre haben, oder deutlicher — Das Alter, das der Mond am Neujahrstage hat, zeigt mir, in dieser Epactentabelle alle Neumonde für dieses Jahr.

Aug. Wie so?

Kalm. Wie gesagt auf eine sehr leichte Art, denn an allen derjenigen Tagen, neben welchen diese Epacte (oder das Alter, welches der Mond am Neujahrstage hatte) in der Tabelle stehet, haben wir in diesem Jahre, Neumond.

Aug. Das wär' auch viel!

Kalm. Gewiß — Ist z. E. für ein gewisses Jahr ven Kalender XXIX. die Epacte, das heißt: ist der Mond, am Neujahrstage dieses Jahres 29 Tage alt, so fallen die Neumonde in diesem Jahre auf alle diejenigen Monathstage, neben welchen in der Epactentabelle eine XXIX. stehet, also d. 2 Jan. d. 1 Febr. — d. 2 März — d. 1 April — d. 30 April — d. 30 Mai — d. 28 Jun. — d. 28 Jul. — d. 26 Aug. —

Aug. — d. 25 Sept. — d. 24 Oct. — d 23 Nov. und den 22 December.

Aug. So ist das?

Kalm. Ich darf also nur die Epacte eines Jahres wissen, das heißt: Es darf mir nur bekannt sein, wie alt der Mond am Neujahrstage dieses Jahres ist, so kann ich, augenblicklich, aus dieser Epacktentabelle sehen, an welchen Tagen, im Jahre, wir Neumond haben werden. Ist z. E. die Epacte X, (der Mond also am Neujahrstage 10 Tage alt,) so fällt der Neumond, in diesem Jahre, auf alle diejenigen Tage, neben welchen, in dieser Tabelle, eine X. steht und so in jedem andern Falle.

Aug. Ei das versteh ich nun gar wohl, aber Dreierlei ist mir in dieser Tabelle noch dunkel.

Kalm. Was ist das?

Aug. Erstlich, daß bei manchen Monathstagen, nämlich bei dem 1 Jan. — 31 Jan. — 1 März — 31 März — 29 April — 29 Mai — 27 Jun. — 27 Jul. — 25 Aug. — 24 Sept. — 23 Oct. — 22 Nov. und 21 December keine Zahlen, sondern, bei jedem eine Null steht.

Kalm. Das hat seine sehr natürliche Ursache — denn nicht wahr? wenn der Neumond akkurat am Neujahrstage fällt — so hat er gar kein Alter?

Aug. Nein.

Kalm. Wir haben also in so einem Jahre auch gar

gar keine Epackte, und wird dies nun mit einer Null in der Tabelle *) ausgedruckt.

Aug. Ha! ha! und an allen den Tagen, neben welchen in der Tabelle eine Null steht, haben wir also in so einem Jahre ebenfalls Neumond?

Kalm. Richtig.

Aug. Das zweite, weswegen ich Sie fragen wollte, ist das — warum die lateinischen Zahlen, welche zur Berechnung des Neumonds, durch die Epackten, für jedes Jahr dienen, in verkehrter Ordnung da stehen?

Kalm. Auch davon soll Er die Ursache gleich einsehen. Nicht wahr? wenn ein Jahr XXIX. zur Epackte hat, der Mond also am Neujahrstage 29 Tage alt ist — so haben wir den 2ten Januar schon wieder Neumond?

Aug. Ja, denn älter als 30 Tage kann der Mond ja nicht werden.

Kalm. Es mußte also in der Tabelle zum 2ten Januar XXIX. gesetzt werden   so bald nämlich die Epackten den Tag des Neumonds richtig angeben sollten — Nicht wahr?

Aug. Ganz natürlich.

Kalm. Wenn nun ferner XXVIII. die Epackten des Jahrs, der Mond also am Neujahrstage 28 Tage alt ist, so fällt doch den 3ten Januar wieder ein Neumond — bei dem 3ten Jan. muß
                                    also

*) In den Kalendern, gewöhnlich durch ein Sternchen.

also doch wohl in der Tabelle eine XXVIII. stehen?

Aug. Freilich.

Kalm. Oder wenn der Mond am Neujahr erst einen Tag alt war, so könnte doch auch erst in den letzten Tagen des Januars wieder Neumond sein — die Epacte I mußte also auch, neben einem der ganz letzten Tage zu stehen kommen. Die Zahlen mußten also in der Tabelle in verkehrter Ordnung angesetzt werden.

Aug. Nunmehro begreif ich das — aber noch eins, und das ist das Dritte, was mir an dieser Tabelle noch dunkel ist. Warum stehen neben manchem Monathstage, nämlich neben dem 5ten Februar — 5ten April — 3ten Jun. — r Aug. — 29 Sept. — und 27 Nov. zwei lateinische Zahlen, da bei allen übrigen Monathstagen, durchs ganze Jahr hindurch nur eine steht?

Kalm. Dies hat die Ursache, daß dadurch die Dauer von einem Neumond bis zum andern einmahl auf 29, und das andre mahl auf 30 Tage festgesetzt wird.

Aug. Warum aber das?

Kalm. Wie Er schon *) weiß, so dauert ei ganzer Mondenwechsel 29 und einen halben Tag. Keine halben Tage können nun in dem Kalender ohnmöglich angegeben werden — Was that man

*) Aus dem 17ten Gespräche. im aufr. Kalendermann.

man also? — Man nahm wechselsweise einen
Mondenmonath zu 29 und den andern zu 30 gan-
zen Tagen an, und brachte dadurch ihre wahre
Dauer, im Kalender so ziemlich ins Gleiche, die
Epacktentabelle mußte also auch hiernach eingerichtet
werden.

Aug. Sehr begreiflich.

Kalm. Aus dieser Ursache gab man daher, einem
Mondenwechsel um den andern einen Tag z w e i
Zahlen zur Epacktenrechnung, warf dadurch gleichsam, (einen Mondenwechsel um den andern) einen
Tag heraus, und brachte es dadurch dahin, daß auch
die Tabelle, wechselsweis, einen Mondenmonath
zu 29 und den andern zu 30 Tagen angiebt.

Aug. Nun v e r s t e h ichs.

═══════════

Aug. Vorhin haben Sie mir zwar gesagt, wie
die Epackten mir, in der Tabelle, durchs ganze Jahr
hindurch, die Tage des Neumonds anzeigen — aber
woher weiß ich nun, was wir z. E. im Jahre 1799
für eine Epackte haben werden, oder wie alt der
Mond am Neujahrstage 1799 sein wird?

Kalm. Auch das ist sehr leicht, wenn Er das
Täfelchen, das ich Ihm hier gemacht habe, zur Hand
nimmt.

|1 : 0.|

2	XI	3	XXII	4	III	5	XIV	6	XXV	7	VI
8	XVII	9	XXVIII	10	IX	1	XX	12	I	13	XII
14	XXIII	15	IV	16	XV	17	XXVI	18	VII	19	XVIII

Aug. Wieder ein kurioses Ding.

Kalm. Nichts weniger. Die deutschen Nummern sind die goldne Zahl, die lateinischen aber die verschiedenen Epacten, wie sie bis zum Jahre 1900 zu der goldnen Zahl passen.

Aug. Ich hab Sie diesmahl nicht verstanden.

Kalm. Nun so will ich Ihm die ganze Sache, und zwar durch etliche Beispiele, erklären. Gesetzt, Er wollte, wie er vorhin sagte, wissen: wie alt der Mond am Neujahrstage 1799 sein wird, oder: was wir 1799 für eine Epacte haben werden, (und nach dieser die Mondenwechsel berechnen) so braucht Er weiter nichts zu thun, als die goldne Zahl für dieses Jahr auszurechnen und das Täfelchen zeigt Ihm die Epacte dieses Jahres den Augenblick. —

Aug. Das wäre auch viel!

Kalm. Probir' Er's einmahl.

(August rechnet für das Jahr 1799 die goldne Zahl so aus, wie ihm (auf der 7osten Seite) gesagt worden ist.

Kalm. Ist Er fertig? und was haben wir 1799 für eine goldne Zahl?

Aug. Die 14.

Kalm.

Kalm. Was steht nun im Täfelchen, neben der 14, für eine lateinische Zahl?

Aug. Die XXIII.

Kalm. Dies zeigt nun an, daß der Mond am Neujahrstage 1799, (nach dieser Rechnung) 23 Tage alt — oder: daß im Jahre 1799 die Epacte, XXIII sein wird.

Aug. Und wo nun in der Epactentabelle (Seite 84 und 85) eine XXIII steht, an allen den Tagen haben wir dann in diesem Jahre Neumond. Nicht wahr?

Kalm. Richtig. Mach' Er gleich noch ein Exempel. Rechn' Er nämlich aus, was wir 1824 für eine goldne Zahl haben werden.

(August rechnet, addirt nämlich zu dieser Jahrzahl noch Eins — dividirt dann diese Summe mit 19 und sieht, was, bei dieser Division übrig bleibt — denn dies ist die goldne Zahl dieses Jahres)

Aug. 1824 wird 1 die goldne Zahl sein.

Kalm. Ganz recht — Was steht nun aber neben der 1 im Täfelchen für eine Zahl?

Aug. Gar keine — eine Null.

Kalm. Und zeigt an, daß im Jahre 1824 der Neumond (nach dieser Rechnung) akkurat auf den Neujahrstag fällt — daß der Mond also am Neujahrstage 1824 gar kein Alter, dieses Jahr also die Null*) zur Epacte haben wird.

Aug.

*) oder in den gewöhnlichen Kalendern, ein Sternchen.

Aug. An allen den Tagen, neben welchen, in der Epacktentabelle, eine Null steht, wird also in diesem Jahre Neumond sein.

Kalm. Richtig. Dabei muß ich Ihm nun aber dies noch sagen, daß nämlich die Neumonde, in der Natur, nicht immer genau, auf die nämlichen Tage fallen, wie sie in der Tabelle (Seite 84 und 85) angegeben werden — der Unterschied beträgt bald 3, bald 2, bald einen Tag. Nehm Er einmahl den Kalender auf das Jahr 1795 zur Hand, so wird Ers den Augenblick sehen. — In diesem Jahre, ist die Epackte IX, es sollte also nach der Epacktentabelle (Seite 84 und 85) den 22 Jan. — den 20 Febr. 22 März — 20 April — 20 Mai — 18 Jul. — 16 Aug. — 15 Sept. — 14 Oct — 13 Nov. und 12 December Neumond sein, denn neben allen diesen Tagen steht ja in der Tabelle eine IX — nach dem Kalender fallen aber die Neumonde in der Natur den 20 Jan. — 19 Febr. — 21 März — 19 April — 18 Mai — 17 Jun. — 16 Jul. — 14 Aug. — 13 Sept. — 12 Oct. — 11. Nov. und 11 Dec. — also bald einen, bald zwei Tage früher als sie die Epackten angeben.

Aug. Auf die Art taugt ja auch diese Rechnung nichts?

Kalm. Fürs gemeine Leben, und wenn Er die Neumonde — ganz genau wissen will, nichts, da

G e   hat

hat Er recht, aber für die Kalendermacher ist sie
unentbehrlich. —

Aug. Warum denn?

Kalm. Weil durch sie allein, nunmehro, fürs
ganze deutsche Reich, das Osterfest für jedes Jahr
ausgerechnet wird.

Aug. Und wie?

———————

Kalm. Das will ich Ihm gleich sagen. Wodurch die Feier des Osterfestes bestimmt wird, das
weiß Er doch noch?

Aug. Warum denn nicht? Durch den ersten
Vollmond im Frühjahre — denn den Sonntag
nach denselben haben wir allemahl Ostern.

Kalm. Richtig.

Aug. Aber wie erfahre ich nun, durch die Epackten, ob dieser Vollmond bald oder später fällt?

Kalm. Wenn Er sich dieser Ostermondstabelle,
die ich hier für Ihn gemacht habe, bedient, so ist
nichts leichter als dies. —

Oster-

Ostermonds- ‖ ‖ Tabelle.
‖ oder ☀ 13 Ap. E. ‖

I. 12. Ap. D.	II. 11. Ap. E.	III. 10. Ap. B.	IV. 9. Ap. A.
V. 8. Ap. G.	VI. 7. Ap. F.	VII. 6. Ap. E.	VIII. 5. Ap. D.
IX. 4. Ap. E.	X. 3. Ap. F.	XI. 2. Ap. A.	XII. 1. Ap. G.
XIII. 31. Mz. F.	XIV. 30. Mz. E.	XV. 29. Mz. D.	XVI. 28. Mz. C.
XVII. 27. Mz. B.	XVIII. 26. Mz. A.	XIX. 25. Mz. G.	XX. 24. Mz. F.
XXI. 23. Mz. E.	XXII. 22. Mz. D.	XXIII. 21. Mz. C.	XXIV.) XXV.) 18. Ap. E.
XXVI. 17. Ap. B.	XXVII. 16. Ap. A.	XXVIII. 15. Ap. G.	XXIX. 14. Ap. F.

Mz. bedeutet in dieser Tabelle März, Ap. oder April.

Kalm. Wenn Er nämlich weiß, was für eine Epackte wir in einem gewissen Jahre haben, so sieht Er auch den Augenblick in dieser Tabelle, auf wel=chen Monathstage der Ostermond fällt, und wenn Er von denjenigen Buchstaben, welcher dabei stehet, bis auf den Sonntagsbuchstaben des Jahres fort=zählet, so hat Er den wahren Ostertag.

Aug. Sein Sie doch so gütig und erläutern mir dies an einigen Beispielen.

Kalm. Recht gern. Wir wollen einmahl den Tag des Osterfestes fürs Jahr 1796 suchen — Rechn' Er also erstlich (auf die Art, wie ich Ihm Seite — gesagt habe) aus, was für eine Epackte wir 1796 haben werden.

(August rechnet.)

Aug. Die XX.

Kalm. Richtig — Nun seh Er zweitens, was für ein Monathstag in der Ostermondtabelle neben der XX stecht!

Aug. Der 24ste März.

Kalm. Der Ostermond wird also 1796 den 24sten März sein. *) Was haben wir ferner Drit=tens in diesem Jahre für einen Sonntagsbuchsta=ben?

Aug.

*) In der Epacktentabelle, (Seite 84) stecht die XX, nämlich bei dem 11ten März, der 11te März ist also, nach dieser Rechnung, Neumond — der 24ste März daher der 14de Tag des Mondes — oder Vollmond.

Aug. Wenn ich nicht irre, ſo haben wir 1796 zwei Sonntagsbuchſtaben (denn es iſt dieſes Jahr ein Schaltjahr). — Nämlich C. und B.

Kalm. Ganz recht — hier kommts aber, (ſo wie in jedem Schaltjahre) nur auf den letzten an, denn dieſer zeigt ja wie Er (von der Seite her) ſchon weiß, vom 24ſten Februar an, auf welche Monathstage die Sonntage nunmehro fallen. — Verſteht Er mich?

Aug. Warum denn nicht?

Kalm. Nun ſo ſehe Er denn viertens in der Sonntagsbuchſtaben = Tabelle (Seite 10) nach, neben welchen Monathstage das B zuerſt wieder nach dem 24ſten März ſteht.

Aug. Neben dem 27ſten.

Kalm. Der 27 März iſt alſo ein Sonntag, und — wohlgemerkt — der erſte Sonntag nach dem erſten Frühlingsvollmond, alſo nach dem, was ich Ihm ein ander mahl ſchon geſagt habe (Seite —) derjenige Sonntag, an welchem 1796 Oſtern gefeiert wird.

Aug. Und das iſt richtig?

Kalm. Ja — darauf kann Er ſich verlaſſen, denn auf dieſe Art wird nunmehro, im ganzen heiligen römiſchen Reiche, das Oſterfeſt ausgerechnet — Probir' Ers gleich noch einmahl an dem Jahre 1795. Was haben wir erſtlich, in dieſem Jahre, für eine Epacte?

G 4 Aug.

Aug. Wie ich schon vorhin (Seite 97) ausgerechnet habe — die IX.

Kalm. Was steht nun zweitens, neben der IX, in der Ostermondtabelle (Seite 97) für ein Tag?

Aug. Der 4te April.

Kalm. Den 4ten April haben wir also 1795 den ersten Vollmond, im Frühjahre. *) Weiß Er schon drittens, was wie in diesem Jahre für einen Sonntagsbuchstaben haben werden?

Aug. Ja — das D.

Kalm. Nun so zähl er denn viertens bis auf diesen Buchstaben, (auf alle Tage einen gerechnet,) fort. Der 4te April hat, (wie Er ebenfalls aus der Ostertabelle sieht) ein C.

Aug. Je da ist leicht zählen, wenn der 4te April (in der Tabelle Seite 10) ein C. hat, so muß natürlich der 5te schon ein D. haben.

Kalm. Da nun das D, 1795, die Sonntage angiebt — so muß also der 5te April ein Sonntag sein. Nicht wahr?

Aug. Ganz natürlich, und weil es der erste Sonntag nach dem Frühlingsmond ist, so wird 1795 an demselben Ostern gefeiert.

Kalm.

*) In der Epacktentabelle steht die IX neben dem 22 März — an diesem Tage ist also, nach dieser Rechnung, Neumond — den 4 April, als den 14den Tag drauf, daher Vollmond.

Kalm. Nun seh Er doch einmahl im 1795sten Kalender nach, obs auch eintrifft.

Aug. (thuts) Aufs Haar — warlich aufs Haar? Das freut mich. Denn nun will ich mir das Vergnugen machen, und den Ostertag, wenigstens auf 100 Jahre hinaus, ausrechnen.

Kalm. Recht so — denn er übt sich dadurch nicht nur im rechnen, sondern macht sich auch die Sache zugleich immer besser bekannt. Damit Er aber jederzeit sehen kann, ob er richtig gerechnet hat, so will ich Ihm hier ein Verzeichniß geben, in dem ich die Tage, an welchen Ostern, vom Jahre 1795 an bis zum Jahre 1900 in ganz Deutschland gefeiert werden wird, insgesammt finden kann, nämlich:

1795 d. 5 April	1809 d. 2 April	1823 d. 30 März
1796 d. 27 März	1810 d. 22 April	1824 d. 18 April
1797 d. 16 April	1811 d. 14 April	1825 d. 3 April
1798 d. 8 April	1812 d. 29 März	1826 d. 26 März
1799 d. 24 März	1813 d. 18 April	1827 d. 15 April
1800 d. 13 April	1814 d. 10 April	1828 d. 6 April
1801 d. 5 April	1815 d. 26 März	1829 d. 19 April
1802 d. 18 April	1816 d. 14 April	1830 d. 11 April
1803 d. 10 April	1817 d. 6 April	1831 d. 3 April
1804 d. 1 April	1818 d. 22 März	1832 d. 22 April
1805 d. 14 April	1819 d. 11 April	1833 d. 7 April
1806 d. 6 April	1820 d. 2 April	1834 d. 30 März
1807 d. 29 März	1821 d. 22 April	1835 d. 19 April
1808 d. 17 April	1822 d. 7 April	1836 d. 3 April

G 5

1837 d. 26 März	1859 d. 24 April	1880 d. 28 März
1838 d. 15 April	1860 d. 8 April	1881 d. 17 April
1839 d. 31 März	1861 d. 31 März	1882 d. 9 April
1840 d. 19 April	1862 d. 20 April	1883 d. 25 März
1841 d. 11 April	1863 d. 5 April	1884 d. 13 April
1842 d. 27 März	1864 d. 27 März	1885 d. 5 April
1843 d. 16 April	1865 d. 6 April	1886 d. 25 April
1844 d. 7 April	1866 d. 1 April	1887 d. 10 April
1845 d. 23 März	1867 d. 2 April	1888 d. 1 April
1846 d. 2 April	1868 d. 2 April	1889 d. 21 April
1847 d. 4 April	1869 d. 28 März	1890 d. 6 April
1848 d. 23 April	1870 d. 17 April	1891 d. 29 März
1849 d. 8 April	1871 d. 9 April	1892 d. 17 April
1850 d. 31 März	1872 d. 31 März	1893 d. 2 April
1851 d. 20 April	1873 d. 13 April	1894 d. 25 April
1852 d. 1 April	1874 d. 5 April	1895 d. 14 April
1853 d. 27 März	1875 d. 28 März	1896 d. 5 April
1854 d. 16 April	1876 d. 16 April	1897 d. 18 April
1855 d. 8 April	1877 d. 1 April	1898 d. 10 April
1856 d. 23 März	1878 d. 2 April	1899 d. 2 April
1857 d. 12 April	1879 d. 13 April	1900 d. 15 April
1858 d. 15 April		

Kalm. Das bitt' ich mir aber aus, daß Er nicht eher in dieses Verzeichniß sieht, bis er jedesmahl mit dem Ausrechnen fertig ist.

Aug. Das will ich.

Kalm. Hier hat er auch noch ein Verzeichniß über die Tage, an welchen Ostern fallen würde,
wenn

wenn der alte julianische Kalender noch gültig wäre.

1795 d. 1 April	1823 d. 22 April	1851 d. 8 Arpil
1796 d. 20 April	1824 d. 6 = =	1852 d. 30 März
1797 d. 5 April	1825 d. 29 März	1853 d. 19 April
1798 d. 28 März	1826 d. 18 April	1854 d. 11 = =
1799 d. 17 April	1827 d. 3 = =	1855 d. 27 März
1800 d. 8 April	1828 d. 25 März	1856 d. 15 April
1801 d. 24 März	1829 d. 14 April	1857 d. 7 = =
1802 d. 13 April	1830 d. 6 = =	1858 d. 23 März
1803 d. 5 April	1831 d. 19 = =	1859 d. 12 April
1804 d. 24 April	1832 d. 10 = =	1860 d. 8 = =
1805 d. 9 April	1833 d. 2 = =	186 d. 23 = =
1806 d. 1 April	1834 d. 22 = =	1862 d. 8 = =
1807 d. 14 = =	1835 d. 7 = =	1863 d. 31 März
1808 d. 5 April	1836 d. 29 März	1864 d. 19 April
1809 d. 28 Mär.	1837 d. 18 April	1865 d. 4 März
1810 d. 7 April	1838 d. 3 = =	1866 d. 27 = =
1811 d. 2 = =	1839 d. 26 März	1867 d. 16 = =
1812 d. 12 = =	1840 d. 14 April	1868 d. 31 = =
1813 d. 13 = =	1841 d. 30 März	1869 d. 20 = =
1814 d. 29 März	1842 d. 19 April	1870 d. 12 = =
1815 d. 18 April	1843 d. 11 = =	1871 d. 28 März
1816 d. 9 = =	1844 d. 26 März	1872 d. 16 April
1817 d. 25 März	1845 d. 5 April	1873 d. 8 —
1818 d. 4 April	1846 d. 7 = =	1874 d. 31 März
1819 d. 6 = =	1847 d. 23 März	1875 d. 18 April
1820 d. 28 März	1848 d. 11 April	1876 d. 4 —
1821 d. 10 April	1849 d. 3 = =	1877 d. 27 März
1822 d. 2 = =	1850 d. 23 = =	1878 d. 15 April

1879

1879 d. 1 April	1887 d. 5 April	1894 d. 17 April
1880 d. 20 = =	1888 d. 24 April	1895 d. 2 April
1881 d. 12 April	1889 d. 9 April	1896 d. 24 März
1882 d. 28 März	1890 d. 1 April	1897 d. 13 April
1883 d. 17 April	1891 d. 21 = =	1898 d. 5 April
1884 d. 8 April	1892 d. 5 = =	1899 d. 18 April
1885 d. 24 März	1893 d. 18 März	1900 d. 9 April
1886 d. 13 April		

Aug. Worzu braucht man denn aber die Feier des Osterfestes nach dem alten Kalender noch zu wissen? Er gilt ja bei uns nichts mehr.

Kalm. Er wird aber doch in unsern gewöhnlichen Kalendern nebenbei immer noch fortgeführt!

Aug. Warum aber?

Kalm. Weil, im gemeinen Leben, unter andern, manches Recht, noch nach demselben exerzieret wird. Die Herrschaften setzten z. E. in alten Zeiten, feste, daß ihre Schäfer, bis zu dem Georgentag, (das ist bis zu dem 22 April) in jedem Jahre, die Wiesen aller ihrer Unterthanen, ungehindert behüten durften, sie verschenkten nämlich (wie Er aus dem Frei- und Gleichheitsbüchlein *) wissen wird) unter andern, mit dieser Bedingung, Güter und Grundstücken an die Bauern, dadurch entstand die sogenannte Trifftgerechtigkeit. Dies geschah, zur Zeit des alten Kalenders, und wird daher auch noch, in vielen Gegenden Deutschlands, nach dem alten Kalender exerziert.

Aug.

*) ist in allen guten Buchhandlungen in ganz Deutschland zu haben.

Aug. Ja, wenn nun aber der julianiſche Kalender, wie Sie mir ohnlängſt (auf der — Seite)
ſagten, bis 1799, 11 Tage und vom Jahre
1800 an, 12 Tage zu lang iſt — , ſo wird
ja dies Recht, auch eigentlich 11 oder 12 Tage
zu lang exerziert?

Kalm. Wenn Er nach unſerm Kalender, der in
ganz Deutſchland gilt, gehen will, da hat er recht,
denn wenn nach dem alten Kalender der Georgentag (der 22 April) iſt, ſo haben wir ſchon bis 1799
den 3ten und von 1800 an den 4ten May; unſer
wirklicher Georgentag iſt dann ſchon vor 11
oder 12 Tagen vorbei. — Allein jenes Recht ſchreibt
ſich, wie geſagt, aus den Zeiten her, wo der alte
Kalender galt, wird daher auch noch, wie mehrere
andre, nach demſelben gebraucht.

Aug. Aber unſre großen Buß- und Bettage
ſchreiben ſich doch wohl auch aus jenen Zeiten her,
wo der alte julianiſche Kalender galt, und werden
itzt doch nicht mehr nach demſelben gefeiert, und das
thäte doch warlich dem Landmanne nicht ſo vielen
Schaden, als wenn 1000 und mehrere Schaafe,
im Frühjahre 12 Tage länger als der Reichskalender will, auf den Wieſen liegen, und das junge
aufkeimende Gras ruiniren.

Kalm. Er hat kurioſe Einfälle, ich weiß Ihm
aber dabei weiter keinen Rath, als den zu geben,
bitte Er ſeine gnädige Herrſchaft, daß ſie ihrem Schäfer befiehlt, ſich fernerhin auch, wie jeder andre
Menſch, nach denjenigen Kalender zu richten, der

in

in ganz Deutschland gilt, oder nach Rußland
zu ziehen, und dort eine Schäferei zu pachten.

Aug. Warum denn nach Rußland?

Kalm. Weil in diesem Reiche der alte, (falsche)
julianische Kalender noch gilt. Doch für heute genug.

Siebentes Gespräche,

in welchem erstlich von der Indiktion, oder der Römer
Zinszahl gehandelt, und dann gezeigt wird, wie ein
Kalender zu machen ist.

Kalm. Weiß Er, was wir nun noch übers Kalenderwesen miteinander zu sprechen haben?

Aug. Ach verschiedenes — Sie haben mir z. E.
noch nicht gesagt, was es mit der Römer Zinszahl
für eine Bewandniß habe. —

Kalm. Richtig — es soll aber gleich geschehen.
Nicht wahr — izt rechnen wir die Zeit, nach Jahrhunderten, und zwar von Christi Geburth an?

Aug. Ja, und doch wohl deswegen, weil dies
eine sehr richtige und merkwürdige Ereigniß für die
Menschheit war.

Kalm. Gar recht. Wir leben also, nach dieser Zeitrechnung, izt im 18den Jahrhunderte ——
denn wir schreiben izt ja 1794, es sind also nicht
nur 17 volle Jahrhunderte — sondern auch noch
94 Jahre drüber, schon vom 18den verflossen.

Aug.

Aug. Ja wohl.

Kalm. Diese Art, die Zeit zu bestimmen, ist schön, aber doch lange nach Jesu Geburth, ohngefähr um das Jahr 526, in der Christenheit erst eingeführet worden.

Aug. Ja nach was rechnete man denn sonst?

Kalm. Ohngefähr 753 vor Christi Geburth wurde die Stadt Rom gebauet — und, weil dies damahls eine sehr wichtige Begebenheit war, so berechnete man — (im römischen Reiche, und allen den Ländern, die zu demselben gehörten, oder ihre Verfassung nach demselben eingerichtet hatten — also auch in dem alten Germanien, oder Deutschlande) von derselben an, die Zeit — sagte: das und das, geschahe in dem und dem Jahre, z. E. die Geburth Jesu im 153sten Jahre, nach Erbauung der Stadt Rom — so wie wir sprechen: das und das paßirte in dem und dem Jahre nach Christi Geburth.

Aug. Das laß ich mir gefallen.

Kalm. Ohngefähr um das 313 Jahr, nach Christi Geburth, führte aber der Kaiser Constantin der Große, eine andre Zeitbestimmung ein. — Die alten Römer (denen die alten Deutschen in der Einrichtung ihrer Verfassung so vieles nachmachten) hatten nämlich aller 15 Jahre eine gewisse ausserordentliche Abgabe zu entrichten, und rechneten daher, unter andern, auch die Zeit von einer solchen Arentrichtung dieser Abgaben bis zur andern. Wer z. E. diese Abgabe oder Zinse

vorm

vorm Jahre oder 2 Jahren gegeben, so war das heurige Jahr das erste, oder das 2te Jahr, nach der entrichteten Zinse u. s. w.

Aug. Das läßt sich hören.

Kalm Ohngefähr im Jahre 313, nach Christi Geburth, führte nun der Kaiser Constantin der Große, diese Zeitrechnung von 15 zu 15 Jahren auch in Deutschland ein — und nennte so einen Zeitraum von 15 Jahren eine Indiktion — oder wie bei den Römern — die Zinßzahl. Das Jahr 313 war das 1ste Jahr dieser neuen Zeitrechnung — die sogenannte Römer Zinßzahl, in demselben also Eins — im andern — zwei, im dritten — drei, u. s. w. im funfzehnden — funfzehn.

Aug. Und nun giengs wieder von vorn an?

Kalm. Richtig — das Jahr 328 war also wieder das 1ste Jahr dieser Zeitbestimmung, nämlich der zweiten Indiktion, das hies: der Römer Zinßzahl, war für dieses Jahr wieder Eins. u. s. w. von 15 zu 15 Jahren.

Aug. Eine kuriose Zeitrechnung.

Kalm. Sie dauerte auch nicht gar zu lange, denn um das Jahr 526 herum wurde, wie gesagt — eingeführet, die Zeit von der Geburth Jesu an, nach Jahrhunderten zu berechnen. Man bekümmerte sich daher im gemeinen Leben, nach der Zeit auch nichts mehr um die Indiktion, es war ganz einerlei, ob man etwas

was davon wußte oder nicht — wenn man nur angeben konnte — : das wievielste Jahr — ein gewisses Jahr nach) der Geburth Jesu sei.

Aug. Je was macht denn, auf diese Art, das
Ding noch in unsern Kalendern? Braucht man sie
denn etwa auch), wie z. E. die Epacten zum Kalendermachen?

Kaln. Gott bewahre, blos um der Herren Juristen willen, muß diese Zeitbestimmung, noch in unsre Kalender gesetzet werden.

Aug. Warum denn das?

Kaln. Je wenn ein Kaiserlicher Notarius, *) z.
E. ein Testament machen will, und dasselbe vor Gerichten gelten soll, so muß er, unter andern, neben
unsrer gewöhnlichen Jahrzahl, auch noch) drunter setzen — das wievielste Jahr der Indiktion das
Jahr, in welchem es geschieht, sein würde, oder
was die Römer für eine Zinßzahl hätten —
wenn diese Zeitrechnung noch gälte. Das Jahr
1794 würde z. E. das 12te Jahr einer Indiktion
sein, oder: die Römer, 12 zu ihrer Zinßzahl haben, wollte nun ein Notarius, in diesem Jahre z.
E. ein Testament machen — so müßte er, wie gesagt, dies mit darunter schreiben — sonst könnte

das

*) Ein Rechtsgelehrter, der aus Kaiserlicher Macht, die
Befugniß hat glaubhafte Urkunden auszustellen, z. E.
Testamente zu machen.

Hundertj. Kal.   H

das Testament, den Augenblick, über den Haufen
gestoßen werden.

Aug. Ueber das närrische Zeug. Aber wie weiß
denn so ein Mann: das wievielste Jahr einer Indiktion, ein gewisses Jahr ist — oder was die Römer, in demselben, für eine Zinßzahl haben würden?

Kalm. Er addirt zu derjenigen Jahrzahl, zu der
er dieses wissen will, erstlich noch drei — und dividirt dann diese Summe mit 15 — was übrig
bleibt, zeigt das Jahr der Indiktion oder die Zinßzahl an, welche die Römer in diesem Jahre haben
würden — bleibt nichts übrig, so ist es die 15 selbst.

Aug. Wenn ich also die sogenannte Zinßzahl
zum Jahre 1794 berechnen wollte — so müßte ich
demnach erstlich 3 zu dieser Jahrzahl addiren —
dies würde 1797 machen, und diese Summe nun
mit 15 dividiren — — (er rechnet) — 15 in
1797 habe ich 119 mahl und bleibt 12 dabei übrig.

Kalm. 12 zeigt also, wie ich Ihm schon vorhin sagte, den Herren Juristen das Jahr der Indiktion für dieses Jahr.

Aug. Nun, ich bin kein Juriste, werde auch in
meinem Leben keiner werden, mich also auch um die
Römerzinßzahl nicht weiter bekümmern.

Kalm. Da thut er wohl dran — ich mußte aber
davon mit Ihm sprechen, damit Er erfuhr, was es
damit für eine Bewandniß hat. Zum Gebrauche
im gemeinen Leben sind überhaupt die Sachen, von
dem wir zeither gesprochen haben, eigentlich gar
nicht,

nicht, sondern blos für die Herrn Kalendermacher — aber zu wissen, wie und wozu sie gebraucht werden — dies ziert jeden vernünftigen Menschen.

Aug. Zumahl fast jeder Mensch — täglich mit dem Kalender zu thun hat — ich wenigstens habe mich, in meinem Leben, schon tausendmahl geärgert, wenn ich im Kalender vom Sonntagsbuchstaben — dem Sonnenzirkel, der goldnen Zahl, den Epacten und dergleichen las, und nicht wußte, was das für Dinge waren.

Kalm. Nunmehro, denk ich, soll Er dieser Aergerniß überhoben sein.

Aug. Ja wohl — wofür ich Ihnen zugleich den innigsten Dank abstatte.

⸻

Aug. Sein Sie nur noch so gütig und sagen mir wie ein Kalender eigentlich gemacht wird.

Kalm. Mit Vergnügen. Wenn er itzt schon z. E. auf das Jahr 1796 einen Kalender machen wollte — so nimmt er erstlich 7 halbe Bogen Papier, legt sie in der Größe, wie die Kalender gewöhnlich sind — und heftet sie dann.

Aug. Nun das ist wohl das leichteste dabei?

Kalm. Möglich ists. Wenn dies geschehen, so schreibt er zweitens inwendig über die linke Seite eines jeden Blattes, das Wort eines Monathes — auf das erste Januar, auf das 2te Februar u. s. w.

H 2   Aug.

Aug. Nun ja doch, auf jede linke Seite eines Blattes den Namen eines Monathes.

Kalm. Wenn dies geschehen — so schreibet Er **drittens**, an der äußersten Kante, einer jeden solchen Seite, so viel Nummern, als der Monath Tage hat — zu dem Januar 31 — zu dem Febr. 28 — (in einem Schaltjahre 29) — März 31 — April 30 — Mai 31 — Jun. 30 — Jul. 31 — Aug. 31 — Sept. 30 — Oct. 31 — Nov. 30. und December 31 Tage.

Aug. Alles sehr begreiflich.

Kalm. Ist Er damit fertig, so muß er nun vor allen Dingen **viertens**, so wie ich Ihm neulich (von der 10ten Seite an) gesagt habe, ausrechnen — was wir in diesem Jahre für einen Sonntagsbuch-staben haben, und wenn er diesen gefunden hat, **fünftens**, zu allen den Tagen, neben welchen derselbe in der Sonntagsbuchstaben = Tabelle (Seite 10) stehet, das Wort Sonntag hinzu setzen, dann hat er das Jahr schon, und zwar richtig, in seine Wochen abgetheilet.

Aug. Wenn wir nun aber, wie im Jahre 1796 zwei Sonntagsbuchstaben, nämlich C und B. haben?

Kalm. Je nun, so wird, bis zu dem 24ten Februar, das Wort Sonntag, zu denjenigen Mo-nathstagen gesetzt, neben denen in der Tabelle (Sei-te 10) der erste, also ein C. stehet — vom 25sten Febr. an aber zu demjenigen, die in jener Tabelle

(Sei=

(Seite 10) mit dem letzten, also mit V. bezeichnet sind.

Aug. Izt besinne ich mich. Sie haben mir dies schon einmahl — (Seite 13 = 15) gesagt.

Kalm. Ganz recht. Nunmehro schreibt Er, sechstens, von einem Sonntage zum andern die übrigen Wochentage, in ihrer gewöhnlichen Ordnung zu den sämmtlichen Monathstagen, vom 1 Jan. an bis zum 31 dahin zu   und zieht dann sieben-tens längst diesen Wochentagen, eine Linie herun-ter. Wenn das bei allen 12 Monathen geschehen ist, — so sucht Er achtens, auf die Art, wie ich Ihm gestern (Seite 97) sagte, den Ostertag, und schreibt denselben mit rother Dinte zu dem näm-lichen Tage in seinen Kalender, den er verfertigen will.

Aug. Also für das Jahr 1796 zu dem 27sten März?

Kalm. Richtig. Hat Er das gethan, so sezt Er, neuntens, zu dem 25sten December das Wort: Weihnachten, zu dem 1sten Sonntag vor Weihnachten   vierter Advent, zu dem 2ten Sonn-tag vor Weihnachten dritter Advent, zu dem 3ten Sonntag vor Weihnachten, zweiter Advent, zu dem 4ten Sonntag vor Weihnachten erster Advent. Ist dies geschehen — dann schreibt er zehentens die beweglichen Feste von Ostern an — in der Ordnung zu jedem Sonntage (oder wohin sie gehö-ren) — wie ich Ihm dieselben ohnlängst (auf der

H 3   41sten

4 1ten Seite) angegeben habe, — von den Trinita-
tissonntagen, so viel als er — bis zum ersten Advent braucht.

Aug. Alles sehr natürlich.

Kalm. Ist dies vorbei, so schreibt er, eilftens
zu dem ersten Sonntag vor Ostern, das Wort Pal-
marum, zu dem 2ten Judika — und so weiter, in
der nämlichen Ordnung, rückwärts, wie ich Ihm
dieselbe neulich (Seite 41) bekannt machte — bis
auf den Sonntag Septuagesimä, denn nun muß
er zwölftens, vom Feste der Erscheinung Christi,
bis hierher, noch so viele Epiphaniassonntage angeben, als er braucht — dann nimmt er dreizeh-
dens das Verzeichniß zur Hand, das ich Ihm über
die unbeweglichen Feste in jedem Jahre ohnlängst
gab — und schreibt sie aus demselben, an seinen
gehörigen Ort, aber mit rother Dinte — damit diese Tage sogleich in die Augen fallen.

Aug. Wo krieg ich nun aber die übrigen Namen
her, die jeder Tag im ganzen Jahre hat.

Kalm Darzu hab' ich Ihm hier 12 Monaths-
tabellen*) verfertiget, in denen nicht nur für den neu-
verbesserten, für den gregorianischen und alten Kalender, alle Namen angegeben sind, die in jedem
derselben, jeder Tag hat — sondern worinne Er
auch durchs ganze Jahr hindurch den täglichen Auf-
und Untergang der Sonne — so wie die jedesmahlige

*) Sie sind am Ende dieses Buchs angebunden.

lige Tages- und Nachtlänge finden kann. — Dies alles schreibt Er nun von Tage zu Tage, von Worte zu Worte, in seinen Kalender ab — bemerkt dann noch die Vieh- und Jahrmärkte — die Bußtage und dergleichen, so ist sein Kalender, wie Er ihn braucht, fertig.

Aug. Da fehlen aber noch die Mondenwechsel.

Kalm. Wenn Er auch diese richtig in seinem Kalender angeben will, so muß er sich Bodens astronomisches Jahrbuch auf das nämliche Jahr, zu dem er den Kalender machen will, kaufen, denn darinne stehen sie bis auf die Minute berechnet.

Aug. Was kostet denn dieses Buch?

Kalm. Für 1 Thaler und 8 Groschen, kann Ers in jeder Buchhandlung kriegen.

Aug. Ei das ist viel — und da braucht man alle Jahre ein anders?

Kalm. Alle Jahre — damit Er diese Ausgabe aber erspahren und die Mondenwechsel, doch richtig in seinem Kalender angeben kann, so will ich Ihm von Jahre zu Jahre, und zwar immer ein Jahr voraus — dieselben aufschreiben und zuschicken.

Aug. Ei da thun Sie mir einen außerordentlichen Gefallen.

Kalm. Ja, ja, er kann sich drauf verlassen — und nicht nur die Mondenwechsel, sondern auch die Beschreibung und Abbildung der Verfinsterungen an

H 4 der

der Sonne und dem Monde, soll Er immer ein Jahr voraus, bei dieser Gelegenheit mit erhalten. *)

Aug. Nicht auch die □ △ ✳ ♋ ♑ ☌ ☍ u. dergl., welche bei jedem Tage, in den gewöhnlichen Kalendern stehen.

Kalm. Diese helfen Ihm nichts, denn wie Er schon weiß **), so seyn diese Abkürzungszeichen den Herren Gelehrten, unter welchen Sternen der Mond an jedem Tage steht — das kann Ihm aber einerlei sein.

Aug. Also meinen Sie, gehören diese Dinge gar nicht in den Kalender?

Kalm. In einem Volkskalender gar nicht, — zumahl, weil der Tausende kaum weiß, was es mit demselben für eine Bewandniß hat, und sich durch dieselben bei der Nase herum führen läßt.

Aug. Aber wie wirds denn mit den Purgier= Schröpf=Aderlaßzeichen u. dergl.?

Kalm. Die dürfen vollends gar nicht mehr in den Kalender gesetzt werden. Doch davon Morgen.

*) Es soll dies in der deutschen Volkszeitung, die ich mit dem Anfange des 1795sten Jahres herausgebe — jährlich zur rechten Zeit geschehen.

**) Aus dem 17ten Gespräch des aufrichtigen Kalendermannes.

Ach=

Achtes Gespräch.

Aug. Sie wollen also die sogenannten Erwählungen, nämlich die ♃ ♁ ♂ ♑ ♄ ☽ ∴ u. s.
w. ganz aus dem Kalender verbannet wissen?

Kalm. Ja — weil es nämlich lächerlich ist, sich
nach diesem Zeuge zu richten. Er erinnert sich doch
wohl, daß ich Ihm schon vor meiner Reise *) gesagt
habe, wie diese Säbelchen in die Kalender kommen?

Aug. Das wohl — aber es ist doch gut, wenn
jeder Mensch die Tage weiß, die zum Aderlassen,
Purgiren u. dergl. gut oder böse sind.

Kalm. Alle Tage im Jahre, vom 1sten Januar
an bis zum letzten December, sind zum Aderlassen
gut, sobald es für mich nöthig ist. So sind
aber auch im Gegentheile wieder alle Tage im Jahre böse, sobald ich, an denselben, ohne Noth
Aderlasse, purgire, u. dergl.

Aug. Das glaub ich selbst.

Kalm. Nun wenn Er dies glaubt, so wird
Er auch den Augenblick einsehen, wie thöricht es
ist, in den Kalendern gewisse Tage im Jahre, als
gut oder böse, zum Aderlassen, u. s. w. anzuse-
tzen, denn welcher Kalendermacher, ja ich will sa-

H 5 gen:

*) Im 19ten Gespräche des aufrichtigen Kalenderman-
nes.

gen: welcher Mensch auf Gottes Erdboden
ist im Stande, mir ein Jahr vorher zu sagen: — an dem und dem Tage wird dein
Körper in solchen Umständen seyn, daß dir
ein Aderlaß nöthig, also gut ist.

Aug. Das kann freylich kein Mensch.

Kalm. Es kann mir also doch auch wohl kein
Mensch die Tage im Kalender, darzu auszeich-
nen. Ja, wenn der Mensch eine leblose Ma-
schiene wäre, die, einmahl wie das andere, ihren festgesetzten Gang fortgienge, so könnte man
die Veränderungen, die in seinem Körper, von
Zeit zu Zeit, vorgehen, eben so vorausbere..,
wie z. E. die Sonnen = und Mondänfser... ;
also auch in dem Kalender, wie diese vorher a..
zeigen, und dazusetzen: ob ihm dabey Aderlaßen,
Purgiren u. s. w. gut oder schädlich sey. So
aber nicht, denn jeder Mensch geht, in der Welt,
seinen eigenen Gang, jeder hat seine eigene Art
zu leben — heute fehlt dieser gegen die Regeln
der Gesundheit, morgen jener gegen andre. —
Heute ist der ein Trunkenbold, oder ärgert sich,
oder erkältet sich, oder überfrißt sich — morgen
ein anderer. Kann dies ein Kalendermacher vor-
aussehen? Kann er also auch voraussagen, was
diesem oder jenem heute oder morgen, nützlich oder
schädlich ist?

Aug. Ohnmöglich.

Kalm. Hat nicht ferner ein Mensch diesen, ein
an=

anderer jenen Körperbau? Ist nicht der eine fett,
der andere mager? hat nicht der eine ein hitziges,
der andere ein schläfriges Temperament — Oder
treiben denn alle Menschen im Lande einerley Ge=
werbe? oder kann denn der abgehärtete Bauers=
mann eben so behandelt werden als der schwäch=
liche Profeßioniste? der zarte Schneider eben so
wie der handveste Schmidt.

Aug. Nein.

Kalm. Nun so wird Er auch einsehen, daß es
bloße Possen sind, sich nach den Zeichen im Ka=
lender zu richten — denn der Kalendermacher kann
ja von keinem einzigen Menschen, den er noch da=
zu nicht kennt, wissen, was für einen Körperbau
oder Säfte er habe — wo es ihm heute fehlt,
und wie er dabey behandelt werden muß.

Aug. Da haben Sie vollkommen Recht.

Kalm. Wie lächerlich ists nun erst, wenn in
einem Lande, sich vielleicht hunderttausend Men=
schen hierinne nach Einen Kalender richten —
95. tausend Mann davon sind gesund, die übri=
gen aber leiden vielleicht an tausenderlei Krankhei=
ten — haben tausenderlei Temperamente — trei=
ben tausenderlei Handthierung und dergl., wollen
also auf tausenderlei Art behandelt seyn; Wenn
Sie nun aber heute z. E. alle Aderlassen, oder
purgiren wollten, weil im Kalender ein gutes Zei=
chen darzu stünde?

Aug.

Aug. Da würden freylich die meisten das
Uebel ärger machen.

Kalm. Ja wohl — unter 1000 würde vielleicht einer sein, der sich dadurch nicht schadete
— Einem könnte vielleicht dadurch besser werden — aber was sind 999 gegen Einem? Ist
es daher nicht schlimmer, als wenn ein Land sein
Geld in das Lotto sezt, wo unter 1000 vielleicht auch nur Einer gewinnt — sobald sichs
nach dem Kalender richtet, und nach demselben
Ader läßt, u. s. w. ? Dort wird doch nur
Geld verspielet — hier aber stehet Gesundheit und Leben auf dem Spiel — aber welch
schreckliches Spiel, wenn von 1000 vielleicht
999 verliehren, und — wohlgemerkt, Gesundheit, oder das Leben verliehren!

Aug. Es wäre daher ja wohl gar, wenn Für-
sten und Obrigkeiten befählen, daß alles das Zeug
gar nicht mehr in die Kalender gesezt würde.

Kalm. Ei wohl — nur muß das Volk erst
wissen, warum dies geschieht, sonst glaubts,
es geschehe ihm Unrecht. — Erzähl' Er daher allen Leuten, was ich Ihm jezt gesagt habe, und
ich glaube gewiß, daß, wer Vernunft hat, sich
nicht mehr, in diesen Stücken, nach dem Kalender richten, oder darüber murren wird, wenn künftig keine ⁘ ✠ ⸶ und dergl. mehr hineinkommen.

Aug. Woran kann man denn aber sehen, ob
es für Jemand heute nützlich oder schädlich sei,
Ader zu lassen, zu purgiren, u. s. w.

Kalm.

Kalm. Darüber muß in jedem Falle der Doctor und weiter kein Mensch entscheiden.

Aug. Man kann doch nicht über jede Kleinigkeit zum Doctor laufen?

Kalm. Nennt Er denn die Gesundheit eine Kleinigkeit? Ei, ei August! wo denkt Er hin? Wenn Er ein kleines Loch in seinem Rocke spührt —— läßt Er es seyn, und großer werden, oder gleich wieder zumachen, so lange es noch klein ist?

Aug. Freilich, und, so meynen Sie, würde doch die Gesundheit weit eher verdienen reparirt zu werden, wenn sie einmahl, hier oder da, leide.

Kalm. Ganz natürlich.

Aug. Wäre es aber nicht besser, wenn sich jeder Mensch gleich selbst zu helfen wüßte?

Kalm. Da hat Er vollkommen recht, aber jedem Menschen zu sagen, wie er sich in vorkommenden Fällen helfen könne, dies ist ohnmöglich, denn ich kenne doch manche Wissenschaft, aber auf Gottes Welt keine so schwere, keine so verwickelte, als die Arzneikunst, diese ist einzig in ihrer Art, Theologie und Rechtsgelehrsamkeit, Ingenieurkunst und Himmelskunde sind Kinderleicht gegen sie. Und wenn ich ihm mit der ganzen Arzneikunst, mit allen Krankheiten, mit ihren eigentlichen Zufällen und Gegenmitteln, so bekannt machte, daß er alles, wie sein Morgengebeth hersagen könnte, so würde er doch keinen richtigen Gebrauch davon machen können, wenn Er oder jemand von

den

den Seinen von irgend einer Krankheit überfallen wurde, und er noch nicht gelernt hätte, das Wahre von dem Falschen, das Wirkliche von dem Scheinbaren zu unterscheiden, denn es ist nicht genug, daß man eine Krankheit kennt — nicht genug, daß ich weiß, wo es dem Menschen fehlt, z. E. an der Lunge, sondern ich muß auch die Ursachen wissen, warum es ihm hier fehlet — und mich einzig und allein hiernach richten. Tausenderlei Krankheiten nehmen tausenderlei Gestalt an, so daß oft der geübteste Arzt nicht weiß, woran er ist. Ich sehe es daher auch gar nicht gern, wenn Aerzte solche Schriften schreiben, worinne sie ihre heilige Kunst, jedermann mittheilen wollen, denn sie schaden dadurch warlich insgesammt mehr als sie nutzen. Sie werden gelesen, der Kurzsichtige glaubt etwas von der Arzneikunst nunmehro zu verstehen, kurirt in sich und in andere hinein, und verdirbt oft in einem Tage mehr, als der geschickteste Arzt, mannichmal in einem Jahre, kaum wieder gut machen kann. Wenn ich daher zu Predigern oder Schulmeistern oder andern Leuten komme, und medizinische Bücher, bei ihnen sehe, so möchte ich sie ihnen allezeit aus den Händen reißen, und sagen: Schuster bleib bei deinem Leisten.

Aug. Und pfuschen doch so viele Leute in die Arzneikunst.

Kalm. Ja, wenn es nur den Gerichtshöfen im Lan-

Lande, oder den Herren Advocaten, oder Pfar-
rern etwas schadete, so wollte ichs keinem rathen, wenn er sich zum Arzt aufwürfe — denn
ich wollte einmahl den Spektakel sehen, wenn
sich ein Schinderknecht, oder ein Schäfer,
oder ein Landknecht hinsetzen und den Amt-
mann machen, Gericht halten, und Kaufkon-
tracte bestätigen, oder ein Scharfrichter sich eine
Kanzel bauen lassen und predigen oder Beichte
sitzen wollte. —

Aug. So ein Herr Afteramtmann oder Af-
terprediger könnte immer sehen, wo der Zimmer-
mann das Loch gelassen hätte, wenn er nicht
ins Zuchthaus marschiren wollte.

Kalm. Und ich stehe mit meinem Leben dafür: alle diese Leute würden durch ihre frevel-
haften Anmaßungen nicht so viel Unheil und Un-
glück im Lande anrichten, als die vermaledeiten
Quacksalber und Afterärzte stiften. Ich bin
kein Doctor, rede also gewiß nicht aus Par-
theilichkeit, sondern aus Liebe zur Menschheit
und sage es daher frei: Quacksalber, sie
mögen auch sein wer sie wollen, sind die schreck-
lichsten Menschen in einem Lande, den bei
Staupenschlage verbothen werden sollte,
keinem Menschen einen Tropfen Arznei zu
geben.

Aug. Und laufen doch so viele, ja die meisten Menschen bei den Krankheiten der Ihrigen
zu Quacksalbern.

Kalm.

Kalm. Weil dieſe Schurken dem Schwachen nach dem Maule reden, und aus gar vielen andern Urſachen, die ich Ihm zu einer andern Zeit *), nach und nach, ſagen will. Wie thöricht ſie aber dabei handeln? wird Er fühlen, wenn Er die Sache nur ein wenig überlegt — denn nicht wahr? Wenn dem Bauer ſein Kleid zerriſſen iſt, ſo trägt ers nicht zum Tiſcher, ſondern zum Schneider — oder wenn ſeine Stiefeln Löcher bekommen, ſo giebt er ſie nicht dem Schmidte, ſondern dem Schuſter — oder wenn das Schaar an ſeinem Pfluge ſtumpf iſt, ſo bringt ers nicht dem Zeugmacher, ſondern dem Schmidt, kurz Er geht, in dieſem und jedem andern Falle des gemeinen Lebens, zum r e ch t e n Manne. — Nicht wahr? —

Aug. Nicht anders.

Kalm. Und wenn einmahl etwas an ſeiner Geſundheit, dem ädelſten Gute ſeines Lebens auszubeſſern iſt — ſo übergiebt er ſie nicht etwa auch dem rechten Manne, ſondern Landſtreichern, oder dem Schneider, oder Schäfer, oder Landknecht, oder ſeines Gleichen — zur Ausbeſſerung. Glaubt Er wohl, daß die Schildbürger ſo ſchildbürgeriſch handeln?

Aug.

---

*) In der aufrichtigen deutſchen Volkszeitung, die auf a l l e n Poſtämtern in ganz Deutſchland zu haben iſt, und — deren Einrichtung, in No. 9. des iſten Bandes des R. Anzeigers 1785 beſchrieben iſt.

Aug. Das weiß ich nicht — soviel kann ich Sie aber versichern, es werde (welches ich nicht wünsche) heute oder morgen jemand von den Meinigen krank — ich gehe zu keinen Quacksalber, sondern zu einem tüchtigen Arzt, denn wenns hernach auch fehl schlägt, so hat man doch ein ruhiges Gewissen. — Stirbt aber der Patiente unter Pfuscershänden, so muß man immer denken: Du bist doch wohl an seinem Tode schuld, denn wenn du nur zu einem rechten Manne gegangen wärest, so würde er vielleicht gerettet worden sein. Dies macht Vorwürfe in dem Innern des Geistes, die ich um alles in der Welt nicht mag.

Kalm. Nun da handelt Er auch als ein vernünftiger Mensch.

Aug. Aber es paßiret einem Menschen doch oft sehr schnell etwas, und da ists doch gut, wenn einer dem andern gleich, in der Geschwindigkeit, einen guten Rath oder ein Hausmittel empfehlen kann.

Kalm. Da hat Er recht, denn es können vielleicht tausenderlei Fälle vorkommen, wo Er jemand durch einen guten Rath helfen — ja vielleicht gar vom Tode erretten kann, aber verneinend muß dieser Rath seyn. —

Aug. Wie verstehen Sie das?

Kalm. Er muß blos abrathen und zwar alles abrathen, wovon er überzeugt ist, daß es schädlich sein würde — das aber, was dabei zu thun ist — um Gotteswillen, einem Arzte überlassen. — Wie

Hundertj. Kal.   I   bald

bald könnte er nicht, z. E. in einer Uhr etwas ganz
verderben — wenn sie steht, und Er wollte sich drüber machen, und sie repariren, wenn Er von der
Uhrmacherkunst nichts versteht.   Nicht wahr?

Aug. Da haben Sie recht.

Kalm. Eine Uhr ist aber noch lange kein Mensch —
ihr Bau, und das, was ihr fehlt, leicht zu ergrün-
den; aber Gott! was gehöret darzu, den Bau des
Menschen von Gliede zu Gliede, von Faser zu Faser kennen zu lernen? Was gehört darzu, mit d
Geschäfte und Verrichtung einer jeden Faser — eines jeden Gefäßes bekannt zu werden — um zu sagen: da und da fehlts — und dann zu wissen, wie
diesem Fehler beizukommen — August bedenk Ers —
bei seinem besten Willen — könnte Er dadurch,
wenn er jemanden etwas zu brauchen oder zu thun
rathen wollte — den größten Schaden anrichten —
einen Menschen durch seinen Rath ruiniren, und da
wollte ich doch lieber 1000 Uhren — als einen
Menschen zu Grunde richten.

Aug. Ich auch — ich habe diese Sache in meinem Leben nur noch nicht so überlegt.

Kalm. Nun so überleg Ers nur fernerhin recht
fleißig — und will Er ja einen Rath geben, so schrän-
ke Er denselben nur aufs Essen und Trinken und die
Pflegung des Kranken ein. — Laß Er — wenn
es der Arzt nicht ausdrücklich erlaubt hat —
keinen Kranken Eier, oder Fleisch und Fleischbrü-
he genießen, kein Bier, Wein oder Brandwein trin-

ken,

ken, die Stube, in der er liegt, nicht zu stark heizen
oder beständig verschlossen halten — ihn nicht zu
sehr in die Betten stecken — geb Er nie zu, daß
mehrere Kranke in einer Stube, oder wohl gar in
einem Bette beisammen oder die Gesunden, bei ihnen schlafen — sag Er's, daß nicht etwa der Urin
oder der Stuhlgang in der Krankenstube stehen bleibt
— rath' er jedermann, daß der Kranke ja nicht etwa, erschreckt, — fürchten gemacht, — ge-
kränkt, — geärgert oder beschämet werde — denn
dies alles hat, auf seine Herstellung, den größten
Einfluß — mehr rathe Er aber auch nie — alles
übrige, es heiße, wie es wolle, überlaß Er dem
Arzte.

Aug. Sagen Sie mir nur aber — ob es denn
so viel auf sich hat — was ein Kranker ißt oder
trinkt — viele Leute glauben, das sei einerlei —
darauf komme gar nichts an.

Kalm. Vater! vergieb ihnen — denn sie wissen nicht was sie glauben, wenn sie das glauben,
indem nichts wichtiger ist, als das — nichts grös-
sern Einfluß auf die Wiederherstellung eines Kranken hat, als dieses. — Nicht wahr? — wenn
ein Brandweinbrenner Wachholderbeere — in seine
Blase thut, so wird er auch Wachholderbranden ein
abziehen — das heißt: derjenige Spiritus, den er
mittelst des Feuers, (durch den Blasendeckel, die
Röhren und das Kühlfaß) hinüber treibt, in das
dazu bestimmte Gefäß, wird nach Wachholder schmek-

J 2   ken

ken — er muß also auch mit Wachholdertheilen angefüllt sein.

Aug. Ganz natürlich.

Kalm. Thut Er aber Kümmel, oder sonst etwas anders in die Blase, so wird er auch Kümmel oder andern Brandwein abziehen, denn das, was in die vor der Blase stehenden Gefäße übergeht, nimmt den Geist von dem an, was in derselben ist. Eben so kommt mir's nun auch mit dem menschlichen Körper vor. Der Magen ist, — daß ich mich so ausdrücke — gleichsam die Blase in demselben, aus welcher das Blut und alle übrige Säfte, durch die Verdauungswerkzeuge abgezogen werden. Was ich nun in den Magen hinein thue — das kommt auch aus demselben wieder heraus — und unter die Lebenssäfte — diese werden damit vermischt.

Aug. Das läßt sich sehr wohl begreifen.

Kalm. Ich denk es auch — wenn nun aber, auf diese Art, Sachen durch den Magen unter die Nahrungs- und Lebenssäfte, oder unter das Blut kommen, welche die Krankheit, in der sich ein Mensch just befindet, nähren, oder ihre Kur hindern?

Aug. Ja da ist's freilich schädlich.

Kalm. Und hat sich also der Kranke hierinne vorzüglich nach den Vorschriften des Arztes zu richten.

Aug. Darf man denn dem Kranken auch keine Hausmittel geben oder anrathen?

Kalm. Was nennt Er denn Hausmittel?

Aug. Solche Sachen, die man sogleich, in jedem

dem Hause, oder in jeder Wirthschaft, bei der Hand hat, z. E. Hollunder= oder Fliedermus.

Kalm. Wenn ein Arzt, ders versteht, dergleichen Sachen anräth, so hab' ich nichts darwider; sonst aber darf's kein Mensch thun — und wenn's der Kaiser wäre, stell' er sich einmal den Fall vor — Er hätte sich den Magen so verdorbt, daß Ihm weder Essen noch Trinken schmeckte, so kann Er nicht anders kuriret werden, als durch solche Mittel, welche die Unreinigkeiten und unverdaulichen Speisen entweder durch den Mund oder den Stuhlgang fortschaffen.

Aug. Das glaub' ich selbst.

Kalm. Wenn Ihm nun aber — bei solchen Umständen, statt dessen, ein guter Freund oder ein altes Mütterchen eine tüchtige Porzion Holunder= oder Fliedermus (ein gewöhnliches Hausmittel) eingäbe, — recht warm in seiner Stube einheizte — Ihn bis über die Ohren, ins Bette steckte — und Er nun schwitzen müßte, wie ein Braten, — würden dadurch wohl die Unreinigkeiten und unverdaulichen Speisen, aus seinem Magen, herauskommen?

Aug. Ich weiß nicht.

Kalm. Gewiß nicht, die Ursache seiner Unpäßlichkeit, würde also noch immer in seinem Körper bleiben, Er denselben, ohne Noth, geschwächt und durch den Gebrauch jenes Hausmittels Uebel ärger gemacht haben. Durch jenes Schweißaustrei-

I 3

ben=

bende Mittel, würde Sein schon verdorbner Magen, nun auch noch erhizt werden, und er ein Ma-
genfieber bekommen, an dem schon viele Menschen
gestorben sind.

Aug. Das läßt sich hören.

Kalm. Doppeltschädlich werden aber solche Hausmittel, wenn sie neben den Arzneyen eines verstän-
digen Doktors z u g l e i ch gebraucht werden — denn
dieser arbeitet, durch seine Mittel da = jene dort hinaus. Hierdurch entsteht nun in der Natur des Kranken, ein ordentlicher Kampf, der, wenn sie nicht
recht gut ist, den Tod zu seinem gewöhnlichen Ende hat. — Tausend, und abermahl tausend Menschen werden auf diese Art, und überhaupt, durch
Pfuscherey, dem Tode muthwillig geopfert. Daß
dies wahr sei — will ich Ihm und dem deutschen
Volke, bei andern Gelegenheiten; *) durch Bey-
spiele handgreiflich darthun.

Aug. Nun darauf freue ich mich.

Kalm. Weil ich Ihm aber doch einmahl ausführlichen Unterricht über das Kalenderwesen versprochen habe, die Aderlaß= Purgier= und Schröpfzei-
chen u. s. w. zu demselben gehören, und man auf
diese Sachen geleitet wird, so soll er auch über sie
Be=

*) Ebenfals in der deutschen Volkszeitung Wem der-
gleichen Exempel bekannt sind, den bitte ich, so hoch
ich nur kann, mir solche unter der Addresse: An die
Expedition der deutschen Volkszeitung in Gera,
mitzutheilen, um das Volk wenigstens aufmerksam
zu machen, auf diesen Punkt.

Belehrung erhalten, und erfahren, was von Aderlaſſen, Purgieren, u. ſ. w. überhaupt zu halten iſt,
erfahren, wenn eines oder das andre davon nützlich oder ſchädlich iſt, aber nicht von mir, ſondern
von einem meiner würdigſten Freunde, einem vortreflichen Arzte, der heute noch zu mir kommt,
und vielleicht acht Tage bey mir bleibet. Dieſen
will ich bitten, daß Er ihm das ſagt, was Ihm
darüber zu wiſſen nöthig iſt. Komm Er nur morgen früh um 9 Uhr zu mir.

Aug. Mit dem Schlage, darauf können Sie
ſich verlaſſen.

Neuntes Geſpräch,

zwiſchen einem Arzte und dem Auguſt, über das
Aderlaſſen.

Aug. Ich bin ſchon da.

Kalm. Recht ſchön, denn daraus ſehe ich, daß
es Ihm um Seine Geiſtes-Bildung ein Ernſt iſt.
(Der Arzt tritt in die Stube), der Kalendermann geht auf ihn zu und ſpricht:)

Kalm. Hier theuerſter Freund! haben Sie den
Jüngling, von dem ich Sie heute ſagte, daß er,
weil dieſe Sachen einmal im Kalender ſtehen, ſo

ger-

gerne wiſſen möchte, wenn es gut oder ſchädlich ſei, Ader zu laſſen und dergleichen. Sein Sie ſo gütig und geben Sie ihm, wie Sie mir gütigſt verſprachen, einen kleinen Unterricht darüber, er verdients.

Arzt. Mit Freuden.

Kalm. Um Sie dabei nicht zu ſtöhren, will ich mich entfernen.

(geht ab)

Aug. Verzeihen Sie aber ja die Mühe, die ich Ihnen dabei mache.

Arzt. Mir gereicht dies zum größten Vergnügen. Heute wollen wir vom Aderlaſſen mit einander ſprechen.

Aug. Sie ſollen einen aufmerkſamen Schüler an mir finden

Arzt. Das hab ich ſchon gehört. Doch zur Sache. — So nöthig und heilſam das Aderlaſſen zur Erhaltung des Lebens in vielen Krankheiten iſt, ſo kräftig ſolches zur Verhütung vieler Krankheiten und plötzlichen Todesarten würkt, wenn es nämlich, mit Verſicht, und zur rechten Zeit, unternommen wird, eben ſo ſchädlich iſt es, in vielen Krankheiten, und wenn es ohne Noth geſchieht. Das Aderlaſſen kann mich vom Tode erretten, oder auch gegen eine Krankheit ſichern, kann mich aber auch in den Tod oder in eine plötzliche und langwierige Krankheit ſtürzen. Man muß alſo gar behutſam dabei ſein.

Aug. Das ſollte man aber gar nicht denken,

denn

denn die Barbierer und Bader ſind ja den Augenblick mit dem Schnepper da, wenn einem Menſchen
etwas fehlet.

Arzt. Leider iſts wohl wahr, und ein trauriger
Beweis entweder von der Unwiſſenheit oder Geld-
gierigkeit dieſer Leute. Ein ächter und dabei recht-
ſchaffener Wundarzt wird aber ſo etwas nicht thun,
und, um ein Paar elender Groſchen dem Menſchen
denjenigen Saft, den er zu ſeinem Leben ſo nöthig
hat, muthwillig verſchwenden. Denn er weiß, daß
jedes Aderlaſſen, das ohne Noth geſchicht,
ſ ch ä d l i ch iſt.

Aug. Warum denn?

Arzt. Das will ich Ihm ſagen. Dabei muß
ich Ihm aber erſt ſagen, warum man denn überhaupt Ader läßt. Dieß geſchicht nämlich bey vernünftigen Menſchen, in zweyerley Abſichten, entweder dadurch eine gegenwärtige Krankheit zu heben, oder einer bevorſtehenden vorzubauen. Verſteht Er mich?

Aug. Ganz vollkommen.

Arzt. In beyden Fällen hat nun der Arzt, wenn
er ein Aderlaſſen verordnet, die Abſicht, theils die
Blutgefäſe dadurch auszuleeren, die Bewegungen
der Säfte zu verändern, dieſelben abzukühlen, die
häufigen Ausleerungen zu hemmen, und die Einſau-
gung der ergoſſenen Feuchtigkeiten zu befördern,
theils den Fluß der Säfte mehr von dem einen Theile ab, und zu dem andern hinzuleiten u. ſ. w.

J 5 Aug.

Aug. Ja, du lieber Gott! von dem allen verſteht ja kein Menſch, ohne Arzneikunſt, etwas?

Arzt. Und ſollte alſo auch kein Menſch, ohne
hinlängliche Kenntniß der Arzneikunſt je eine Ader
öffnen, zumahl die Leibesbeſchaffenheit des Menſchen, ſeine Kräfte und viele andre Umſtände ein
Aderlaſſen öfters verbiethen, ohnerachtet es, dem
äuſern Anſehen nach, nothwendig zu ſein ſcheint.
Selbſt der gelehrteſte und rechtſchaffenſte Arzt, kommt
öfters in die Verlegenheit, daß er nicht weiß, ob
er zu einem Aderlaſſen ſchreiten ſoll oder nicht.

Aug. Das hätt' ich in meinem Leben nicht gedacht.

Arzt. Es giebt wohl einige Hauptregeln, aber
auch dieſe ſind nicht ohne Ausnahme. So darf
man z. E. einem Alten oder einem Waſſerſüchtigen
der Regel nach, kein Blut weglaſſen, und doch
kommen dem Arzte Fälle vor, wo er's thun muß.

Aug. Alles gut, dies lehrt, wie ſchwer es ſei
zu beſtimmen, wenn das Aderlaſſen nöthig iſt, Sie
ſagen mir aber noch immer nicht warum es ſo ſchädlich iſt, wenn es zur Unzeit geſchieht.

Arzt. Das will ich nunmehro gleich. Der menſch-
liche Körper beſtehet theils aus flüßigen, theils aus
feſten Theilen. „Zu den feſten rechnen die Aerzte nun
die Knochen, — Muskeln, — Nerven — Adern
— Eingeweide u. ſ. w. Zu den flüßigen aber die
Galle, den Milchſaft, (woraus das Blut bereitet wird) das Blut ſelbſt, u. ſ. w. Soll nun der
Menſch

Menſch geſund ſein, ſo muß alles dieſes im Gleichgewichte gegen einander ſein, es darf von keinem dieſer
einzelnen Theile des Körpers weder zu viel,
noch zu wenig da ſein, denn ſo bald dies geſchicht, ſo geräth der Menſch in denjenigen üblen
Zuſtand, den man Krankheit nennt, er wird krank:
— Bin ich deutlich genug?

Aug. O ja, wollten Sie mir's aber noch durch
ein Beiſpiel erläutern, ſo würde ichs mit gehorſa-
men Danke, annehmen.

Arzt. Recht gern. Ich will annehmen Er brauchte, wie Er ißt iſt, um geſund zu ſein, 20 Pfund
Blut — das heißt: es wären in Seinem Körper ißt
20 Pfund Blut nöthig, wenn es mit den übrigen
Theilen im gehörigen Gleichgewichte oder Verhält-
niſſe ſtehen ſollte. — Ich will auch annehmen, daß
Er ißt, akkurat ſo viel Blut im Körper hätte, und
er wollte nun, aus Spaß oder Gewohnheit 2 Pfund
davon weglaſſen, ſo würde ja jenes Gleichgewicht,
auf dem Seine Geſundheit beruhet, aufgehoben,
und dies Ihm Krankheit verurſachen.

Aug. Ganz gut, aber unſer Herr Bader behaup-
tet, daß der Menſch das Blut, das er heute weg-
laſſe, in einigen Tagen ſchon wieder habe, und auf
der andern Seite, werden ja ſehr wenig Menſchen
nach dem Aderlaſſen krank?

Arzt. Was das erſte betrifft, ſo hat der Bader
nicht Unrecht, die Natur erſetzt bei einem geſunden
Menſchen, das verlohrne Blut bald wieder, und
dies

dies zwar, weil nach dem Aderlaſſen, bei ihm, der
Appetit ſtärker wird, die Ernährung des Körpers,
und alſo auch das Blutmachen, in demſelben, äuſ-
ſerſt geſchwinde gehet. Das wiederhohlte Aderlaſſen ſchadet aber doch.

Aug. Wie ſo denn? da die Natur das verlohrne Blut ſogleich wieder erſetzt?

Arzt. Weil dadurch die Natur zu überflüßigem
Blutmachen gereizt wird. Die Natur wird nämlich, durch das öftere Aderlaſſen gleichſam daran gewöhnt, immer eine Porzion Blut bereit zu halten,
um den Verluſt deſſelben von einem Mahle zum andern wieder zu erſetzen — hierdurch kommt ſie
nach und nach dahin, daß ſie zuviel Blut in dem
Körper vorräthig bekommt. — Dadurch wird nun
jenes Gleichgewicht aufgehoben — hierdurch entſteht
Uebelbefinden — dies verurſacht, der lieben Gewohnheit nach, ein neues Aderlaſſen, welches einige Erleichterung giebt, die aber von kurzer Dauer iſt — denn bald iſt wieder zuviel Blut im Körper, und hierdurch ein abermahliges Aderlaſſen nöthig. —

Aug. Sonderbahr.

Arzt. Und verurſachet, daß ſo ein Menſch, vor
der Zeit, alt wird, und Schwäche empfindet, die
wieder andre Krankheiten z. E. Nervenzufälle, Hypochondrie, Mutternoth u. ſ. w. zur Folge hat, oder
ihn weibiſch, und empfindſam macht, — bei jedem
rauhen Lüftchen ihn in den Pelz jaget; — beſtändi-
ges

ges Reiſen in allen Gliedern oder einen unaufhörli-
chen Schnupfen bewirkt — indeß andre zwar fett
und aufgedunſen, am Körper, aber dumm am
Geiſte werden oder die Waſſerſucht bekommen. Denn
das iſt gewiß: Ein jeder, der das Aderlaſſen
misbraucht, bekommt ſeinen Theil, je nachdem
ſeine Lebensart und Leibesbeſchaffenheit dabei
iſt. — Ach! beſſer Auguſt! tauſend Menſchen
ſchleichen, ſiech, kränkelnd, elend einher, und bei
den meiſten iſt (unter andern) muthwilliges Aderlaſſen daran ſchuld. Zwar fühlt der Menſch ſelten
gleich nach dem Aderlaſſen Krankheit, aber Jahre
lang hinterdrein kommt ſie. — Heute leidet vielleicht mancher gute Menſch Pein — und der erſte
Grund darzu iſt vielleicht ein unzeitiges Aderlaſſen,
das ſchon vor Jahren geſchah.

Aug. Auf dieſe Art richten aber die Baders
und Barbiers erſchrecklichen Schaden in der menſch-
lichen Geſellſchaft an!

Arzt. Ja wohl, und verdienen gebrandmarkt
zu werden, ſobald ſie einen geſunden Menſchen einen Tropfen Blut ohne Noth weglaſſen.

Aug. Aber in Krankheiten iſt das Aderlaſſen
doch nicht ſo ſchädlich?

Arzt. Wie man's nimmt, denn alles kommt auf
Zeit und Umſtände an.

Aug. Wie verſtehen Sie das?

Arzt. Ich meine damit, daß es dabei auf die gegenwärtige und vergangene Witterung, auf die eigene

gene Natur der herrſchenden, (izigen oder vorher-
gehenden) Krankheit, ſowohl, als auf die Lebensart, Sitten und Gebräuche, ja ſelbſt auf die Den-
kungsart der Menſchen ankommt, denn wie dieſe
ſich ändern, oder geändert haben, ſo muß ſich auch
die Anwendung der Arzneiwiſſenſchaft ändern.

Aug. Wer ſollte das denken!

Arzt. Ja wohl! Die Hauptgrundſätze der Arzneiwiſſenſchaft bleiben zwar immer dieſelben, aber
die Abänderungen und Ausnahmen bei denſelben,
werden immer mehr oder weniger. In einem Jahre z. E. muß man faſt allen Kranken Blut weglaſſen, oder ſie purgieren, — im folgender iſts juſt das
Gegentheil — dies nun jedesmahl, in jedem Jahre, und zu jederzeit zu erforſchen, dies iſt eben die
gröſte Kunſt eines Arztes, von der das Leben vieler
Menſchen abhängt.

Aug. Ob ich dies gleich ſo ziemlich begreife, ſo
ſagen Sie mir doch immer noch nicht, warum und
wie denn das Aderlaſſen auch in Krankheiten ſehr
ſchädlich werden kann?

Arzt. Dies will ich Ihm durch ein Beiſpiel begreiflich machen. Geſetzt, Er hätte geſtern über
Nacht, und allerlei ſüße und ſaure Speiſen unter-
einander gegeſſen, Getränke mancherlei Art getrun-
ken, und zwar ſo viel, daß Er, als ein ſonſt fried-
fertiger Menſch, Zänkereien angefangen, und ſich
dabei tüchtig geärgert hätte. Vergangene Nacht über
hätte Er nun wenig, oder gar nicht geſchlafen, heute

te fühlte Er Kopfſchmerzen, Wallungen im Blute, Herzensangſt, und Müdigkeit in allen Gliedern: Kurz es wäre Ihm miſerabel, und dächte ſich, wenn Er dies für Vollblütigkeit hielte, mit einem Aderlaſſen zu helfen. — Was würde da geſchehen? die Natur würde das Blut, das der Körper dadurch verlohren hätte, ſo geſchwind als möglich, zu erſetzen ſuchen, und was ſie darzu brauchte — nehmen wo ſie es kriegen könnte. Verſteht Er mich?

Aug. Vollkommen.

Arzt. Gut — hierdurch würde es nun aber geſchehen, daß ſehr viele grobe, und noch unverdauete Sachen, aus Seinem verdorbenen Magen, mit in das Blut übergingen — Sachen, welche Seine Natur, wenn Sie ihre gehörige Zeit darzu gehabt hätte, entweder beſſer verarbeitet oder durch die gewöhnlichen Wege, als ſchädlich, fortgeworfen hätte.

Aug. Auch dies läßt ſich ſehr wohl begreifen.

Arzt. Ich denk es auch, daß Er aber dabei einen doppelten Fehler begangen hätte, wird er eben ſo leicht einſehen, denn erſtlich hätte Er dadurch das gehörige Gleichgewicht zwiſchen den feſten und flüßigen Theilen in Seinem Körper, ohne Noth, aufgehoben, und zweitens Gelegenheit gegeben, daß Sein Blut verderben, und Er Seine Geſundheit, auf irgend eine Art, untergraben würde. Hätte er aber, ſtatt des Aderlaſſens, ein Brechoder Purgiermittel genommen, ſo würde, auf der

ei

einen Seite, Sein Uebelbefinden dadurch gehoben
worden ſein; Er auf der andern, aber auch Sein
Blut, und zwar Sein gutes Blut behalten, und
den Körper nicht unnöthig geſchwächt haben.

Aug. Das wäre alſo ein Fall, wo man nicht
Ader laſſen dürfte!

Aug. O! derer giebts tauſende — wo es eben
ſo ſchädlich, und vielleicht noch ſchädlicher, als in
dem itzt erzählten Falle ſein würde. Aber was wird
er dazu ſagen, wie ich Ihm verſichere, daß dem=
ohnerachtet, bei dem itzt erzählten Falle, Umſtän=
de eintreten können, wo ein Aderlaſſen — oft mehr=
mahls wiederholet, — nöthig iſt.

Aug. Das wäre doch erſtaunend! du lieber
Gott! wer kann denn darinnen aber klug werden?

Arzt. Der Arzt — und weiter kein Menſch
— drum ſollte ſich aber auch kein Menſch weiter
unterſtehen, weder einen Geſunden, noch einen Kran=
ken zum Aderlaſſen zu bringen, als der Arzt.

Aug. In welchen Fällen ergreift nun aber der
Arzt eigentlich dieſes Mittel?

Arzt. In mehrern, vorzüglich aber bei Voll=
blütigkeit, Entzündung dieſes oder jenes Theils des
Körpers, bei Schwangerſchaften und andern Um=
ſtänden, oder wenn es die eigene Beſchaffenheit des
Blutes fordert.

Aug. Da merk ich wohl, das können Sie mir
ohnmöglich alles erklären, aber das möchte ich doch
wiſſen, worinne eigentlich die Vollblütigkeit be=
ſte=

stehet, und woran man sie erkennt, denn das Kla-
gen darüber ist ja fast allgemein.

Arzt. Wenn ein Mensch, in Absicht der übrigen Theile seines Körpers zu viel Blut hat, so
heißt dies: er ist vollblütig. — Er hat mehr Blut
als er haben sollte, wenn in dem Körper alles
im Gleichgewichte seyn sollte.

Aug. Je da darf man ihm ja das, was er zu
viel hat, weglassen, so ist das Gleichgewicht ja
hergestellt!

Arzt. Auf der einen Seite kann man dies nur
nicht so genau abmessen; aber wenn dies auch möglich wäre, so würde ja die Natur, wie ich Ihm
vorhin schon sagte — das verlohrne Blut aufs
eiligste wieder zu ersetzen suchen, und noch darzu, wie
Er auch schon weiß, durch schlechteres Blut zu
ersetzen suchen.

Aug. Auf diese Art ist aber ein vollblütiger
Mensch warlich übel dran. Läßt er nicht Ader, so
kann dies ihm Krankheit oder wohl gar einen plötzlichen Tod zuziehen, läßt er aber Ader, so mindert
Er nicht nur seine Vollblütigkeit nicht, sondern
verdirbt sogar noch obendrein sein Blut. — Was
soll nun so ein Mensch aber eigentlich anfangen?

Arzt. Sich ohne Aderlassen von seiner Vollblütigkeit erlösen.

Aug. Wie denn so?

Arzt. Wenn er das meidet, wodurch die Vollblütigkeit in seinem Körper entsteht.

Aug.

Aug. Und das ist?

Arzt. Mancherley. Z. E. häufige und leicht
verdauliche nahrhafte Speisen — dergleichen Getränke, bei einer guten Verdauung, oder wenn er
oft und nicht viel auf einmahl ißt, — sorgenlos
ohne Kummer, Aergerniß oder andre Leidenschaften lebt. Dies alles verursachet, daß wir nicht
Blut im Körper bekommen, als wir haben sollten.
Was nun diesem allen entgegen steht, z. E. wenig
und harte Speisen, Unruhe u. s. w. vermindert
oder verhütet die Vollblütigkeit. Geb' er einmahl
Achtung, wie vollblütig und korpulent der Bauer
wird, wenn er sich zum Pachter oder Wirth empor
geschwungen hat, und dabei ruhig und sorgenlos leben kann! Sieh' Er aber auch auf der andern
Seite, wie mager und elend der von Gesundheit
blühende Pferdeknecht wird, wenn ihn eine Herr-
schaft etwa zum Bedienten macht. Tägliche Unruhe bis in die späte Nacht, Aergerniß mit seinen
Kameraden, und Leidenschaften aller Art, verwi-
schen das schöne Roth von seinen blühenden Backen,
indem sie dieselben dafür, mit erdfahler Farbe
überziehen. — Zum Beweise, daß das Sprüch-
wort: — **Ruhe nährt — Unruh verzehrt** — auch im medizinischen Sinne vollkommen wahr ist.

Aug. Alles richtig.

Arzt. Wer also Anlage zur Vollblütigkeit spürt
(oder aus einer unruhigen und magern Lebensart,

in

in eine ruhige gute verſetzt wird) der genieße des Guten nicht zu viel, ſondern gehe halb geſättiget vom
Tiſche, — ſtehe früh auf — lege ſich ſpäte nie-
der — mache ſich fleißig Bewegung — trinke kein
dickes und ſtarkes Bier, ſondern Waſſer mit Zitro-
ne oder Weinſteinrahm, *) ſo werden alle Beſchwerden der Vollblütigkeit langſam verſchwinden, und
im Blute doch nichts, wie beim Aderlaſſen geſchicht,
verdorben werden.

Aug. Sein Sie nun aber auch ſo gütig und
ſagen mir: Woran man es denn eigentlich ſieht,
daß man vollblütig iſt — oder zu viel Blut
hat?

Arzt. Um dies richtig entſcheiden zu können, muß
man auf den vorigen Zuſtand ſeiner Geſundheit ſehen, und Achtung geben, ob man itzt Beſchwerden
hat, die man ſonſt gar nicht kannte, z. E. Schwin-
del und Ohrenbrauſen bei vollen Adern — eine
gewiſſe Schwere in den Gliedern — ein langer,
aber dabei unruhiger, und von ängſtlichen Träumen
unterbrochner Schlaf, — Ermüdung bei der ge-
ringſten Anſtrengung — Herzklopfen, Ohnmach-
ten, und Aengſtlichkeit bei plötzlicher Veränderung
der Wärme und Kälte — Jucken auf der Haut,

K 2　　　　　　— Blut-

---

*) Denſelben kann man in jeder Apotheke ſehr wohl-
feil bekommen — und wird ſo viel davon unter das
Waſſer gethan, daß dadurch ein gelindes Laxieren entſteht. Daß durch das Laxieren aber die Vollblütigkeit
verbütet wird: — davon im Kapitel: vom Purgieren.

— Blutgänge mancherley Art, wenn ſie mit Erleichterung verknüpft ſind. — Dies alles kann ein
Beweis von Vollblütigkeit ſein.

Aug. Nun ſo weiß man ſich doch zu helfen.

Arzt. Nur nicht zu geſchwinde, denn alle dieſe
itzt beſchriebenen Fälle können auch von ganz andern
Urſachen herrühren, können auch bei ganz andern
Krankheiten vorkommen, z. E. bei Verkältung,
Schnupfen u. ſ. w. wo das Aderlaſſen oder eine
Aenderung Seiner Lebensart ſehr ſchädlich ſein wür-
de. Erinnert Er ſich nicht mehr des Beiſpiels, das
ich Ihm vorhin (auf der 138ſten Seite) gab?

Aug. Warum denn nicht.

Arzt. Es iſt daher ganz unleugbar, daß es äuſ-
ſerſt ſchwer fällt, daß viele mediziniſche Kenntniſ-
ſe darzu gehören, wenn man über dies alles, richtig beſtimmen will. — Da nun dieſe kein Quack-
ſalber, kein Bader und Barbier gewöhnlich hat, ſo
ſollte ſie auch kein vernünftiger Menſch darüber entſcheiden laſſen. — Dies allein kann und ſoll der
Arzt. Fragt Ihn alſo künftig jemand: wenn es
nützlich oder ſchädlich ſei Ader zu laſſen? ſo
antworte er nur: — Sobald es ein verſtän-
diger Arzt anordnet oder verbiethet.

Aug. Es kann doch aber wohl Fälle geben, wo
es keinen Aufſchub hat, ſondern darauf ankommt,
daß das Aderlaſſen ſo geſchwind als möglich geſchieht?

Arzt.

Arzt. Ja, z. E. bei Schlagflüssen, Blutstürzen oder Blutspeien, Unrichtiggehen und dergl. Treten nun solche Umstände so plötzlich ein, daß darüber nicht erst ein Arzt zu Rathe gezogen werden kann — so mag es erlaubt sein, so gleich etwas Blut wegzulassen, aber gleich darauf muß nun, in der größten Eile, zum Arzte geschickt, diesem alles erzählt, und sein Rath befolgt werden. Doch für heute genug — Morgen wollen wir vom Schröpfen mit einander reden.

Zehendes Gespräch,

in welchem vom Schröpfen gehandelt wird.

Aug. Sie sind also auch wohl kein Freund vom Schröpfen?

Arzt. Wie Ers nimmt — wenn das Schröpfen nöthig ist, so bin ich ein Freund davon, sonst ganz natürlich — nicht.

Aug. Aber es kann dies doch wohl nicht so viel schaden als das Aderlassen, wenns auch einmahl zur Unzeit geschicht?

Arzt. Im allgemeinen nicht so viel — doch kann man dadurch das Gleichgewicht zwischen den flüßigen und festen Theilen im menschlichen Körper eben so wohl stöhren, als durchs Aderlassen, dadurch den-

K 3   sel=

selben zu mancherlei Beschwerden muthwillig und un-
wiffend vorbereiten, und also auch in dieser Ruck-
ficht gar fehr fchaden.

Aug. Aber unfer Bader fagt doch: das Blut,
das durch das Schröpfen wegkäme, hätte mit dem
übrigen Blute, im Körper, gar keine Gemeinfchaft,
fondern befinde fich nur zwifchen der Haut und dem
Fleifche, und es wäre fehr gut, wenn es manichmahl wegkäme.

Arzt. Dies ift freilich die Sprache der gewöhnlichen Vater und taufend andrer Menfchen, welche
diefen nachbeten, ohne zu wiffen, was denn an die-
fer Sage eigentlich wahr oder falfch ift.

Aug. Nun fo fein Sie fo gütig und belehren
mich eines Beffern daruber!

Arzt. Recht gern. — Alles Blut im Körper
der Menfchen fowohl als im Körper aller Thiere,
läuft durch hole Kanäle, oder Röhren, die wir Adern
nennen. Die großen Adern kann man, wie z. E.
die da, auf meiner Hand, deutlich fehen, die kleinern und immer kleinern aber nicht — theils weil
fie zu tief liegen, theils zu niedlich fein — fei-
ner als das zartefte Härchen find. — Nur da,
wo ihrer recht viele dicht neben einander liegen und
die Haut recht dünne ift, fieht man das Blut aus
ihnen, wie z. E. in den Lippen durchfchimmern.

Aug. Alfo kommt das fchöne Roth unfrer Lippen
von den vielen Haaräderchen, die in denfelben liegen, oder vielmehr von dem Blute her, das aus

den=

denselben, durch die zarte Haut derselben durch-
schimmert?

Arzt. Richtig. Dergleichen feine Aederchen sind
nun aber durch den ganzen Körper, also auch, und
vorzüglich, durch die Haut desselben verbreitet. Hackt
nun der Bader, mit seinem Schröpfschnäpper über
das Kreutz und die Quere in die Haut hinein, so
zerschneidet er dadurch eine Menge solche Aederchen — wodurch denn ganz natürlich ein starkes Blu-
ten entstehet.

Aug. Auf die Art kommt aber doch nur das
Blut weg, welches sich in der Haut befindet?

Arzt. Nichts weniger, denn, so wie in unserm
Bache das Wasser nicht stille steht, immer fließt, und
das abfliesende, immer wieder von dem nachkom-
menden ersetzt wird, so ist's auch mit dem Blute im
menschlichen Körper. — Das Blut, das itzt meine Lippen roth mach — ist's in einem Augenblicke
schon nicht mehr, sondern wieder anders da, welches
diese Röthe verursachet, denn ein jeder Tropfen
Blut unsers Körpers, ist in einem beständigen
Laufe.

Aug. Wie geht das aber zu?

Arzt. Dies bewürkt das Herz im menschlichen
Körper. Wie Er, bei geschlachteten Thieren, wird
gesehen haben, so ist dies ein fleischerner Klumpen, in
dem sich zwei, von einander abgesonderte, Hölen
befinden. In der einen, welche man, die rechte
nennt, fließt das Blut aus allen Theilen des Kör-

K 4 pers

pers ein, aus der andern aber, welche die linke heißt,
wird das Blut in alle Theile des Körpers wieder
ausgetrieben. So gehts, so lange der Mensch lebt,
in einem fort.

Aug. Aber wie nun?

Arzt. Aus der linken Höle des Herzens ent-
springt eine große Ader, welche sich (sowohl nach
dem Kopfe, als nach den untern Theilen des Körpers zu,) in viele Aeste, von denen sich jeder wieder in kleinere und dann diese wieder in noch kleinere zertheilen, und so durch den ganzen Körper ver-
breiten. — Eben so ists auch an der rechten Höle des Herzens. — Ist nun die linke Höle mit
Blut angefüllt, so zieht sie sich schnell zusammen —
und preßt das Blut dadurch erst in die große Hauptader, von da, (weil dieses Zusammenziehen, sich
einmahl über das andre wiederholet,) in die übrigen Adern — durch sie in die kleinern — dann in
die allerkleinsten, und so durch alle Theile des ganzen Körpers.

Aug. Es ist zu bewundern.

Arzt. Ja wohl! Alle die Adern aber, durch welche das Herz das Blut, auf die beschriebne Art, in
den ganzen Körper hinausplumpt, heißen Puls-
oder Schlagadern und der abgesetzte Druck des
Blutes, welcher durch das, (einmahl über das andre vorgehende) Zusammenziehen des Herzens entsteht, wird, geradehin: der Puls oder der Pulsschlag genennt.

Aug.

Aug. Wo kriegt denn aber das Herz immer ge=
nug Blut her, um diese Schlagadern, und durch
sie, den ganzen Körper damit zu versehen?

Arzt. Durch die andre Hauptader, die sich in
der rechten Höle des Herzens endet, und zwar auf
folgende Art. Wenn die Pulsadern ihr äußerstes
Ende erreicht haben, so werden sie allmählig wieder
weiter, immer weiter — fließen in immer größere
Adern, durch diese endlich in die große Hauptader
an der rechten Höle des Herzens, und aus dieser
endlich in diese Höle selbst. — Weil jener Zufluß
zum Herzen aber langsam, und ohne abgesetzten
Druck geschieht — so fühlt man an den Adern,
durch die er paßiret, auch keine Wallung — kei=
nen Pulsschlag, wie man's nennet.

Aug. Aus der rechten Höle des Herzens geht
dann das Blut nun wieder in die linke, und von
da, aufs neue, in die Pulsadern?

Arzt. Nicht so gleich — denn aus der rechten
Höle des Herzens wird das gesammte Blut erst in
die Lunge geleitet, und von da endlich, durch eine
große Ader wieder in die linke Herzenshöle zur wei=
tern Verarbeitung gebracht.

Aug. Was macht denn das Blut erst in der
Lunge?

Arzt. Da muß es, durch die Luft, welche der
Mensch einathmet, wieder abgekühlet, und gereini=
get werden.

K 5 Aug.

Aug. Wozu nützt aber der beständige Umlauf des Blutes selbst?

Arzt. Damit dasselbe nicht in Fäulniß übergehen kann. Außer diesem hat er aber auch noch andre gute Folgen für die Gesundheit, die ich Ihm nennen will, wenn wir mit einander vom Schwizen reden werden. Hier habe ich Ihm den Kraislauf des Blutes blos deswegen beschrieben, damit er einsehen und sich überzeugen soll, daß durch das Schröpfen eben sogut das Blut aus den innersten Theilen des Körpers — weggelassen wird, als durch das Aderlassen.

Aug. Da käme man also, weil das Aderlassen nicht so wehe thut — mit demselben besser weg, als mit dem Schröpfen?

Arzt. Jedes hat in seiner Art seinen eigenen bestimmten Nutzen. Bei einigen z. E. liegen die Adern so tief, und sind dabei so klein, daß man sie mit dem Aderlaßschnäpper, wie dies, bei fetten, schwammichten und zarten Körpern öfters der Fall ist, nicht erreichen oder treffen kann — hier hilft man sich denn mit dem Schröpfen. Bei Schlagflüssen oder Lähmungen des einen oder des andern Theils, kann man dadurch das Blut schnell, und an vielen Orten zugleich, ausleeren. Ueberdies verursachen die vielen kleinen Wunden, und das Ziehen der aufgesetzten Schröpfköpfe einen Schmerz, wodurch in den todten Gliedern gleichsam ein neues Leben zurückgerufen wird. Auch bei Verkältungen würkt es, theils

auf

auf obige Art, theils dadurch, daß bei dem Durch-
schneiden der Haut, auch diejenigen Gefäße durch-
schnitten werden, worinne der Schweiß stockt, der
durch das Ziehen der Köpfe, im Allgemeinen zu fließen anfängt. Auf gleiche Weise thut das Schröpfen auch bei einigen Ausschlägen seine Würkung.
Beim Seitenstechen **ohne Fieber** ist es zur Stil-
lung des Schmerzes ein altes, von vielen Aerzten
vergessenes, aber kräftiges Mittel, wenn es nämlich auf derjenigen Stelle geschieht, wo die Schmerzen am heftigsten sind — so wie auch bei Augenkrank-
heiten und andern Fällen, die aber ebenfalls kein
Mensch als der Arzt bestimmen darf.

Aug. Wenn man aber nicht sogleich einen Arzt
um Rath fragen kann, so thut man aber doch wohl
besser, man greift zum Schröpfen als zum Aderlassen?

Arzt. Im allgemeinen — hat Er Recht. Doch
giebt es aber auch gar viele Fälle, wo es schädlich
ist oder werden kann, z. E. bei allen hitzigen Krankheiten, beim Friesel, beim Fleckfieber, bei großer
Entkräftung, bei der Wassersucht, und dergleichen
— überhaupt aber bei Mangel an Blute. — Doch
wenn Er mir folgen will, so wird Er in seinem ganzen Leben, weil Er kein Arzt ist, das Schröpfen eben
so wenig als sonst Jemanden etwas medizinisches anrathen — dies überlaß Er, auf jeden Fall, dem
der es versteht — aber ja nicht etwa einem neun

kreu-

kreuzersüchtigen Bader, sondern einem gewissenhaf-
ten Doktor.

Aug. Wollen Sie nicht so gütig sein und mir
nun auch das Nöthige vom Purgieren sagen?

Arzt. Recht gern, und zwar morgen.

Eilftes Gespräche,

in welchem vom Purgieren gehandelt wird.

Aug. Sagen Sie mir nur, ob es denn durchaus
nöthig ist, z. E. alle Jahre einmahl eine Purganz
einzunehmen, um dadurch die Gedärme, von allen
dem Unrathe zu heilen, der sich während der Zeit
ansezt?

Arzt. Die Aerzte haben, von jeher auch diese
Sache von allen Seiten untersuchet, haben gesund
und krank gestorbene Menschen geöfnet, und dabei
gefunden, daß sich, bei einem gesunden Menschen,
eben so wenig als bei allen Kranken, der Schleim
in Magen und Gedärmen nicht so ansezt wie in einem Bierfasse oder Fischteiche. Von der Wahrheit
dieser Erfahrung, kann Er sich leicht bei einem Mez-
ger oder Fleischhauer überzeugen, denn da wird Er,
in den Gedärmen eines gesund geschlachteten Schwei-
nes

nes nichts weiter sehen als halb und ganz verdauete
Speisen.

Aug. Da haben Sie Recht; die Gedärme die=
ser Thiere enthalten ja keinen so garstigen Schleim
und die Nahrung dieser Thiere ist doch warlich schlam=
micher als die bei Menschen. Sonach wäre es also
wohl gar unnöthig, sich mit den garstigen Purgier=
mitteln zu quälen?

Arzt. Von diesen Mitteln gilt das, was ich
schon bey dem Aderlassen und Schröpfen sagte. Es
ist gut zur rechten Zeit und schädlich zur Unzeit.

Aug. Wahrscheinlich finden auch hier wieder ei=
nige Regeln Statt: Sagen Sie mir diese doch, und
was Sie übrigens von der Sache halten.

Arzt. Allerdings giebt's hiebei Regeln, aber auch
Ausnahmen genug, deren Anzeige Ihm niemals hel=
fen würde, wenn Er nicht vorher wüßte, was das ei=
gentlich sagen wolle: Purgieren oder Laxieren.

Aug. Sagen Sie mir dieses doch?

Arzt. Alles was der Mensch genießt, es sei Spei=
se oder Getränke, kommt vorerst, durch den Schlund
in den Magen, hier werden diese verdaut, aufgelößt
und auf gewisse Art verarbeitet, und viele feine nahr=
hafte Theile, aus den Speisen ausgesogen. Hat
nun der Magen das Seine gethan, so geht's weiter
mit den Speisen, und zwar in die engen Gedärme,
welche die dünnen Gedärme genannt werden. In
diesen wird die Galle, durch einen eigenen Kanal
mehr unter die Speisen gemischt, wodurch sie denn

noch

noch mehr aufgelößt werden; hier gehts denn eben
so wie im Magen zu: die nahrhaften Theile werden
ausgesogen, und haben auch diese das Ihrige gethan, so geht die Reise weiter zu den dicken Gedärmen. Hier wird denn nun das bisgen
Nahrhafte vollends ganz ausgesogen, so, daß am
Ende nichts als grobe harte, erdigte und unverdau-
liche Theile übrig bleiben, die als unnüz durch den
Stuhlgang, von Zeit zu Zeit weggeschafft werden.
An ihnen sieht man die Veränderung deutlich, welche
die Speisen, während der langen Reise erlitten haben. Alles dieses geschieht nun bei einem gesunden
Menschen ganz langsam. Geschieht aber geschwinder, als es geschehen sollte, entweder von selbst, oder
durch eingenommene Mittel, so sagt man: der
Mensch hat's Laxieren oder Purgieren. Ein solcher
Mensch ist krank, und das Purgieren also eine Krankheit, weil gesunde Menschen nicht purgieren.

Aug. Warum meinen Sie aber, daß der Mensch,
der da purgiert, krank sey?

Arzt. Das was ich Ihm da von der Verdünnung, Auflösung, Aussaugung und Veränderung der
Speisen erzählte, nennt man die Verdauung. Nun
will, alles gute Ding, seine Weile haben: also auch
die Verdauung; denn wenn die Speisen, so in vol-
lem Gallop, durch die Gedärme rennen müssen, so
kommt alles Essen und Trinken dem Menschen nicht
zu gute, weil nämlich die Speisen unverdaut, das
heißt, unaufgelößt und unausgesogen weggehen. Wie
ma-

mager werden daher nicht die Leute, die immer das
Laxieren haben? und wie matt fühlt man sich nicht
nach einer Purganz?

Aug. Woher kommt das aber, daß die Speisen
dann schneller weggehen als sie sollen?

Arzt. Weil die Gedärme eines Menschen sehr
lang sind, und bald auf, bald niederwärts, ge-
wunden, im Bauche herum liegen, und die Speisen dieserhalb nicht so gerades Wegs herunter fallen
oder rutschen können, so ziehen sich die Gedärme,
bald hie, bald da zusammen, und quetschen gleichsam die Speisen immer von einer Stelle zur andern,
und auf diese Art immer weiter und weiter fort. Da
dieses nun so aussieht, als wenn eine Raupe kriecht,
oder so, wie sich ein Regenwurm von einer Stelle
zur andern bewegt, so nennt man diese Bewegung
der Gedärme, die Wurmförmige Bewegung.
Dieses geht aber, wie ich schon gesagt habe, sehr
langsam, geschieht sie geschwinder als es seyn sollte,
so werden die darinne enthaltenen Speisen auch geschwinder fortgeschaft und durch den Stuhlgang aus-
geworfen, sie mögen nun verdaut oder nicht verdaut
seyn, daher ists nicht gut, wenn der Mensch so oft
des Tages zu Stuhle gehen muß.

Aug. Warum thun aber die Gedärme dieses?

Arzt. Wann irgend eine reizende Materie oder
Sache, zum Beispiel ein Purgier-Mittel in den Magen oder in die Gedärme kommt, so verursacht dieses einen ungewöhnlichen Schmerz, den diese ger-

loß

loß sein möchten, sie ziehen sich daher schneller zu=
sammen. — Das schnelle Zusammenziehen der Ge=
därme ist daher weiter nichts als ein heilsames Be=
streben der Natur, sich dieses ungewöhnlichen Reizes
schneller wieder zu entledigen, bei welcher Gelegen=
heit denn die darinn vorhandene Speisen auch mit fort=
geschaft werden.

Aug. Es geht ja aber jedesmal so viel Dünnes
oder Wasser mit fort, woher kommt denn dieses?

Arzt. Nehm Er da einmal ein Pfötchen voll
Kochsalz in den Mund, so strömt Ihm, von allen
Seiten, eine Menge Wasser in den Mund. Nicht
wahr? Sieht Er! dies ist eben das wohlthätige Be=
streben der Natur, dessen ich so eben erwähnte; die=
se schaft in aller Geschwindigkeit, das Wasser oder
den Speichel her, um die reizende Schärfe des
Salzes einzuwickeln, zu verdünnen und wegzuspü=
len, um des Schmerzens loß zu werden, den das
Salz auf der Zunge verursachte. So und nicht an=
ders ist es mit dem Purgieren. Magen und Ge=
därme machen es eben so. In ihnen strömt aus tau=
send kleinen Röhrgen eine Menge Schleim und Feuch=
tigkeit zusammen, voll von dieser Feuchtigkeit ziehen
sich diese zusammen und schaffen diesen ungebetenen
Gast, sammt allen darin befindlichen Speisen weg.

Aug. Woher kommt aber alle der Schleim und
alle das Wasser?

Arzt. Der weise Schöpfer legte da in dem Mun=
de, Magen und den Gedärmen so viele kleine Ka=
näle

näle oder Röhrchen an, (die aus den Schlag- oder Pulsadern entspringen) diese geben unaufhörlich einen Schleim und Feuchtigkeit her, überkleistern dadurch gleichsam den Darmkanal und erhalten denselben schlüpfrig, damit die kommenden Speisen, die ja manchmal süß, sauer, scharf und bitter sind, die Gedärme nicht verletzen, und kommode, durch dieselbe, herunter rutschen können.

Aug. O! wie der gute Vater im Himmel alles so weislich eingerichtet hat. Er kommt mir in diesem Augenblick viel erhabener vor, ich möchte gleich hinfallen und Ihn anbeten, und hievor danken.

Arzt. Seine Empfindungen machen mir viele Freude, sind Ihm ein Fingerzeig, und mir ein neuer Beweis der goldenen, ewigen Wahrheit: daß es der einzige richtige Weg sey, sich von Gottes Liebe, Weisheit und Allmacht zu überzeugen, wenn man in dem großen Buche der Natur studiert, denn dadurch lernt und kann man fühlen und merken, wie freundlich der Herr ist.

Aug. Erzählen Sie mir noch etwas davon, besonders woher es denn kommt, daß das alles so in den Gedärmen vorgeht?

Arzt. Die Nerven, die überall im Körper und auch in den Gedärmen sich befinden, sind diese getreuen Wächter, die diese reizende Schärfe verachten, und durch die Kraft der Muskeln, die den Nerven jedesmahl zu Befehle stehen, wird dieser

Hunbertj. Kal.　　　L　　　Schleim

Schleim und diese Feuchtigkeit, so schnell und in so großer Menge aus den Röhrgen gepreßt.

Aug. Wo kommt aber diese Feuchtigkeit ursprünglich her?

Arzt. Aus dem Blute und zwar durch die kleinsten feinsten Pulsädergen, denn in unserm Körper hängt alles zusammen wie ein Uhrwerk. Daß das Blut aber auch wässerichte Theile enthält, kann er beim Aderlassen sehen, wenn man das Blut auf einen Teller laufen und alsdann ruhig stehen läßt, bis daß es kalt wird, alsdann scheidet sich das Wässerichte von den vesten Theilen des Blutes.

Aug. Auf diese Weise kann ja alles was scharf ist und die Gedärme reizt, eine Purganz erregen?

Arzt. In gewisser Rücksicht hat Er recht; das sieht er ja wie die Buttermilch, Sauerkraut u. d. gl. manchen Menschen laxiert, die solches nicht gewohnt sind, oder in großer Menge genießen. Unser gemeines Küchensalz würde solches auch leicht thun, wenn unsere Gedärme dessen nicht so gewohnt wären, daher sie denn diesen Reiz ausstehen. So wie ein Brandteweintrinker Anfangs über einen brennenden Schmerz im Munde und Magen klagt, und doch denselben in der Folge wie Wasser trinken lernt.

Aug. Wodurch würken denn aber die Purgier-Salze, Tränkchen und Pillen so?

Arzt. Vermöge ihrer Bestandtheile und eigenthümlichen Natur, die wir aus ihrem äußern Ansehen nicht abnehmen können, sondern erst durch die

Er-

Erfahrung kennen lernen müssen, daher es denn eine sehr gefährliche Sache ist, Dinge zu genießen oder einzunehmen, die man nicht sattsam kennt, wenn sie auch noch so schön und unschuldig aussehen. Viele traurige Beispiele sind davon im Noth = und Hülfsbüchlein, auf der 84 und folgenden Seite nachzulesen.

Aug. Welche halten Sie denn für bessere Purgiermittel, Pillen oder Glaubersalz, das jetzt die Leute so häufig nehmen?

Arzt. Sie sind alle gut, wenn sie auf den jedesmaligen Fall passen, denn es kommt viel darauf an, zu wissen, wann und warum man purgiert.

Aug. Warum und wann soll man denn eigentlich purgieren?

Arzt. Vielerlei Ursachen halber und in vielerlei Fällen, besonders aber, wenn sich Unreinigkeiten, Galle oder sonst was widernatürliches im Körper befindet. Wann z. E. ein Mensch übermäßig ißt, und sich dabei vielleicht ärgert, oder erschreckt, oder sich erkältet, wie ich diesen Fall schon bei dem Aderlassen erwähnte; so wird dadurch die Verdauung gestört, und die Natur besitzt nicht Kräfte genug, die vielen Speisen zu verarbeiten, und alsdann gehörig fortzuschaffen, darum verderben diese mancherley Speisen, theils durch die innerliche Wärme, theils durch die Länge der Zeit. Hier muß man durch ein Purgiermittel den Magen und Gedärme an ihre Pflicht erinnern, damit sie die ver-

L 2 		vor-

dorbenen Speisen, oder Galle, oder Schleim, oder
was es sonst sein möchte, schnell fortschaffen, wo=
bei denn die einströmende Feuchtigkeit auch ihre Dien=
ste thut, damit die Gedärme wie abgewaschen, von
dem Unrath gesäubert werden, und nicht die guten
Speisen, die der Mensch aufs neue genießt, auch
verderben.

Aug. Da geht aber viele Feuchtigkeit jedesmal
verlohren? ●

Arzt. Freilich, darum wird Er es jetzt auch ein=
sehen, warum man, nach einer Purganz, einige
Tage verstopft ist, ferner, daß das öftere Purgie=
ren auch dazu dienen kann, den schwammichten,
wassersüchtigen Körper, von übler Feuchtigkeit zu
reinigen, daß aber auch daher dieses, dem trocke=
nen, dürre nd zärtlichen Körper sehr nachtheilig
ist. Stell Er sichs einmal vor, Er hätte, aus
kränklichen Ursachen, Mangel an Feuchtigkeit in den
Gedärmen, daher also harten trockenen Stuhlgang
und öftere Verstopfung, und nähme denn ein Pur=
giermittel; Erleichterung würde Er zwar einen Tag
fühlen, indem der harrende Unrath dadurch fort=
geschaft würde, aber auch wieder das bißgen Feuch=
tigkeit. Dadurch würde Er sein Uebel vermehren,
und andere Mittel gebrauchen müssen, die seinen
Darmkanal schlüpfrig machten, den harten Stuhl=
gang erweichten, und auf diese Art, die Stelle ei=
nes Purgiermittels ersetzten.

Aug.

Aug. Bei verdorbenem Magen ists aber doch wohl rathsam sogleich zu purgieren?

Arzt. Nicht immer ist dieses nöthig, denn wenn auch der Mensch übermäßig frißt und säuft, und sich also unter die Thiere herab würdiget, so sorgt doch öfters die gute Natur für ihn, in die er so muthwillig stürmte, und wirft den ganzen Plunder durchs Brechen, als den kürzesten Weg weg, oder es fangen die verschiedenen süßen und sauren Speisen an, im Magen zu gähren, es entsteht eine saure oder ranzige Schärfe, diese reizt den Magen und die Gedärme, wie ein Purgiermittel, und sie entledigen sich durch diesen Weg, des Uebermaßes. Darum ist es der Klugheit gemäß, die Natur erst zu fragen, was sie machen will.

Aug. Wie kann man aber dieses erfahren, oder wie fragt man die Natur?

Arzt. Ich will Ihm sagen, wie es ein Arzt macht, zu dem ein solcher Schwelger kömmt, der über bittern oder faulen Geschmack im Munde, mit unreiner Zunge, über Aufrülpsen, Blähungen, Drücken im Magen, Mangel des Appetits, Kopfschmerz, Hartleibigkeit u. s. w. klagt. Er wird ihn, ob er schon aus der Erzählung des Kranken sicher schließen könnte, daß der Magen total verderbt wäre, nicht sogleich ein Purgiermittel geben; sondern statt dessen, denselben Entholtsamkeit von allen Speisen, vom Bier, Wein und hitzigen Magentropfen anrathen, und dagegen häufiges Trinken von kalten Was-

L 3   ser,

fer, allein, oder mit etwas Weinfteinrahm vermifcht,
empfehlen, und dann laufchen, wo die Natur hinaus
will. Klagt nun der Kranke, des andern Tages,
über mehreren Ekel und öfteres Aufftoßen, über
Aengftlichkeit, und Spannen in der Herzgrube, fo
wird diefem fogleich ein gelindes Brechmittel, und
kein Purgiermittel gegeben. Fühlt hingegen der
Kranke Schwere in den Lenden, Mudigkeit in den
Gliedern, Kollern im Unterleibe, u. f. w., fo wird
er ein Purgiermittel geben und kein Brechmittel,
und zwar in beiden Fällen nur gelinde Mittel, weil
das viele getrunkene Waffer, die zähe unverdaute
Koft, bereits aufgelößt und verdaut hat, fo daß die
Natur fich ihrer, ohne viele Anftrengung, entledigen kann. Auf diefe Weife wird er nicht der Natur entgegen arbeiten, nicht da hinaus, wenn fie
dort hinaus will. Diefes muß der Arzt, bei jeder
Krankheit thun, indem er nicht Herr, fondern Die-
ner der Natur ift. Diefes Belaufchen der Natur ift aber dem ungelehrten, unftudirten ohnmöglich).

Aug. Wie fo, und warum?

Arzt. Wie kann er die Befehle eines Franzofen
vollbringen, wenn Er deffen Sprache nicht verfteht?
Die Sprache kann er aber nicht anders verftehen lernen, als daß Er erft die Buchftaben, dann das Buch-
ftabiren und endlich erft lefen lerne. Eben fo muß
der Arzt durch viele Mühe und vieles Lernen und
Stu-

Studiren, sich erst diese Kunst erwerben, die Natur verstehen zu können.

Aug. Wahr ist's, was Sie da sagen, daher aber auch; Wehe über Euch ihr Quacksalber, die ihr die Natur konfus macht, oder ihr gar entgegen arbeitet. Es ist aber nun auch wohl thöricht, zur Vorsorge zu purgieren?

Arzt. Freilich, denn wie kann Er vorher wissen, was Ihm vor eine Krankheit bevorsteht und warum wollte Er sich, ohne Ursachen krank machen, da Er, aus meiner Erzählung, weis, daß das Purgieren eine Krankheit ist: und noch mehr, wenn ich Ihm sage, daß man mittelst dieses Weges, auch das richtige Verhältniß der flüßigen Theile zu den festen aufhebt, und seine Gesundheit dadurch also muthwillig untergräbt.

Aug. Es geht aber doch jedesmal vieler Schleim mit fort?

Arzt. Ey! Ey! hat Es denn schon vergessen, daß von Natur Schleim in den Magen und Gedärmen seyn muß, und daß die scharfen Purgiermittel diesen wohlthätigen Schleim wegschaffen?

Aug. Daran dachte ich wahrlich nicht mehr. Was entsteht aber durch die Wegschaffung dieses Schleims für Nachtheil?

Arzt. Da die Gedärme dadurch nicht mehr für die mancherlei sauren und scharfen Speisen geschützt sind, so reizt alles so leicht, und es entsteht entweder fortdaurendes Laxieren, wie bei der Ruhr, oder

es ziehen die Muskeln, die den Nerven zu Gebot
stehen, sich so fest zusammen, daß sie die Gedärme
verengen, und Kolik oder tödtliche Verstopfungen
darauf erfolgen.

Aug. Dieses thut wohl das sogenannte Glaubersalz nicht? die Leute nehmen es ja überall so häufig ein, und man kanns bei allen Krämern haben?

Arzt. Dieses Salz ist, in vielen Fällen, ein vor-
trefliches Mittel, es richtet aber auch, da es jetzo zu
allgemein, zu häufig, und zu unbedingt gebraucht
wird, vielen Schaden an. Es schwächt die Verdauung, und also auch den ganzen Körper, und es
folgt daraus, daß ganze, unzählige und mannichfaltige
Heere von Krankheiten, die aus übeler Verdauung
entspringen, da kneipts und drückts, und wenn man
nur so viel ißt, wie ein Vögelgen. Es sollte der
Verkauf dieses Salzes nur den Apothekern überlassen seyn, weil diese auch besser wie die Krämer oder
Kaufleute die Güte und Aechtheit desselben beurtheilen können, da jene nur nach dem wohlfeilsten greifen.

Aug. Die Polychreß= die Immanuels= oder Wind=
und Wasser=Pillen sind aber wohl unschädlicher?

Arzt. Mehr als alle andre, schaden diese, denn
da sie aus scharfen harzigen Theilen bestehen, so kleben sie fest an den Gedärmen an, und reitzen da in
einem fort, welches uns das Kneipen, so dadurch
entsteht, beweiset. Nun kann die Natur die harzig-
ten Theile nicht so schnell auflösen und verdauen, als
die Salzigen. Sie erregen daher ein heftiges und

an=

anhaltendes Purgieren, und erhitzen das Blut, kön=
nen Entzündung und Brand in den Eingeweiden
erregen, befördern die goldne Ader, trocknen die
Gedärme aus, und erregen, schnell oder langsam,
traurige Zufälle, weil nämlich die Gedärme in der
Folge ihre Verrichtungen nicht mit der Leichtigkeit,
Beständigkeit und Kraft thun können, die zur Erhal=
tung der Gesundheit und des Lebens erfordert wer=
den. Wachsame Obrigkeiten sollten den öffentlichen
Verkauf solcher scharfen Mittel schlechterdings un=
tersagen, und die Kaufleute und Krämer sollten sich
schämen, solche Pillen, sie heißen auch wie sie wol=
len, um eines geringen Gewinnstes willen, jeder=
mann anzubieten und zu empfehlen. Wie sehr wür=
de ich mich freuen, wenn ich durch dieses Gespräche
mit Ihm, wenn Er es etwa weiter erzählet, nur
einen einzigen von diesen Arznei=Krämern aufmerk=
sam machte, daß er seine Mordbude, sogleich zu=
schlösse.

Aug. Sonach wären die Pillen sowohl, als auch
die Salze schädlich?

Arzt. Jede bringen vermöge ihrer Natur eigene
Würkungen hervor, welches dem Arzt sehr angenehm
ist, damit er, bei vorkommenden Fällen, bald von
diesen, bald von jenen Gebrauch machen kann, je
nachdem ihn, die Natur dazu bestimmt — Sie
gehen auch öfters ohne Würkung wieder weg, beson=
ders wenn sie sehr alt und harte sind, und von dem
vielen Schleim, der im Magen ist, eingewickelt werden.

Aug.

Aug. So rathen Sie mir doch ein unschuldige-
res Purgiermittel, welches man, bei vorkommenden Fällen, ohne Sorgen und ohne böse Folgen nehmen kann? —

Arzt. Ich würde, wider meine Ueberzeugung
und wider mein Gewissen handeln, wenn ich Ihm,
unter den vielen Purgiermitteln, so eins heraus heben wollte. Kann ich denn wissen, welches seiner
zukünftigen Krankheit angemessen seyn wird?

Aug. Also auch von dieser Seite ohne Hülf und
Rath?

Arzt. Keinesweges, mit einem guten Rath will
ich unsre heutige Unterredung schliessen. Wer Mangel an Eßlust, Ekel, Aufstoßen, Magendrücken u.
s. w. spürt, und dabei herum gehen kann, der frage
sich selber genau, und bekenne sich, ob er zu viel
oder etwas gegessen hat, dazu er nicht gewöhnt ist. Stößt
ihm gar das Essen nach einiger Zeit noch so auf,
daß er dessen Geschmack beurtheilen kann, so mei-
de, er inskünftige, diese Speise, faste einen Tag
und trinke fleißig Wasser, oder Wasser mit Citron,
oder Weinsteinrahm. Hat er Molken, auch gut,
mache sich dabei Bewegung, hüte sich vor Aerger
und andern Leidenschaften, esse keine hitzige, fette
Speisen, keine Eyer, Fische, Krepse, Mehlspeisen
oder Backwerk, sondern gekochtes frisches oder ge-
welktes Obst, besonders Pflaumen u. s. w. Wenn
nun nach Verlauf, eines oder zween Tagen, die
Natur nach oben will, welches sich wie schon bemerkt,

durch

durch Vermehrung des Ekels u. s. w. zu erkennen
giebt, so nehme er ein Brechmittel, welches er in der
Apotheke und nicht von Kaufleuten oder Arzneikrä-
mern und Hausirern kaufen muß. Will die Natur
hingegen nach unten, welches man, an dem vermehr-
ten Kollern und Kneipen im Unterleibe, und Schwere in den Lenden merken kann, so nehme Er einen
Laxiertrank aus der Apotheke, oder 2 Loth Weinsteinrahm, oder 2 Loth gutes Glaubersalz, aber auch
aus der Apotheke. Wer einen Doktor in der Nä-
he hat, der frage diesen lieber, damit er die Menge und die Wahl des Mittels bestimme. Diejenigen, die aus Gewohnheit, alle Vierteljahr, oder
alle Monate purgieren, und sich dadurch vor Krankheit zu sichern glauben, kommen mir eben so vor,
wie einer, der heute, bei schönen Wetter, mit einem
Mantel geht, damit er morgen, beim Regenwetter,
ohne Mantel, nicht naß werde. Eben so unklug
handeln manche Hypochondristen, die jedesmal eine
Stunde nach Tische ein Digestiv oder gelindes ab-
führendes Pulver, Pillen oder Tränkgen nehmen,
damit die Speisen fein hurtig wieder weggehen. Diese handeln gegen sich, so grausam, als wenn man
einen Bettler, recht wohlthätig Fleisch und Brod in
seinen Kober steckt, und dann unten ein Loch hinein
schneidet, damit ers bald wieder verliere. — Auch
das ist eine grausame und schädliche Gewohnheit,
die neugebohrnen Kinder, sogleich, nach der Geburt krank zu machen, das heißt: einen Pur-

gier-

gierſaft zu geben, und doch haben dieſe Gewohnheit die Wehmütter und alten Weiber und
können's kaum erwarten, bis daß der ſchwarze Unrath, Kindsbech genannt, weggeht, da doch die
Natur, in der Mutterbruſt, eine dünne, wäſſe-
richte und etwas ſcharfe Milch bereit hält, die dieſes alles, weit ſicherer und gelinder thut als alle
Arzneimittel. Da nun überhaupt alle Purgiermittel reitzen, erhitzen und dem Körper ſeine Feuchtigkeit berauben, ſo ſchaden ſie auch doppelt, wo ſchon
Reiz, Hitze und Krankheit des Körpers iſt, wie
bey manchen Fiebern u. ſ. w.

Aug. Haben Sie vielen Dank für Ihre Belehrung und die Verſicherung, daß ich Ihnen folgen
werde. Sagen Sie mir aber doch auch noch was
von den Brechmitteln.

Arzt. Die Brechmittel würken, vermöge ihrer
eigenen Beſtandtheile, nach oben, wie die Purgiermittel nach unten.

Aug. Da geht aber jedesmahl mehr Galle und
Schleim weg, als bei den Purgiermitteln?

Arzt. Natürlich, weil in dem Magen ſelbſt vieler Schleim iſt, und weil, durch den Druck des
Zwergfelles, und die Bauchmuskeln, die Leber und
alſo auch die Gallenblaſe gepreßt wird, die alsdann
(da die Wurmförmige Bewegung der Gedärme
(deren ich ſchon erwähnt habe) nicht nach unten, ſondern
nach oben, und alſo verkehrt geht, alſo ihren Fluß
in die Gedärme verhindert) nothwendig in den Magen

gen zurück fließen muß, und auf diese Art ausge=
leert wird, welches sehr oft den Unkundigen über=
redet, als hätte dieses alles sich widernatürlich im
Magen befunden und ihn daher zu Wiederholung
der Brechmittel verleitet.

Aug. Also schaden diese wohl eben so sehr als
die Purgiermittel?

Arzt. Allerdings, und im Grunde, mehr noch,
wie die Purgiermittel, denn sie bringen Mangel
des Appetits und der Verdauung, Säure, krampf=
hafte Schmerzen u. s. f. Sie haben aber auch
gegen diese einen entschiedenen Nutzen. Ihre An=
wendung ist so mannichfaltig als ihre Würkung, aber
ihr Gebrauch erheischt Behutsamkeit und ebenfalls
der Zuziehung eines Arztes — Versteht Er
mich?

Zwölftes Gespräch,

in welchem vom Schwitzen geredet wird.

Arzt. Heute sprechen wir vom Schwitzen mit
einander. O! es schaudert mir die Haut, ich be=
be vor Wehmuth zurück, wenn ich mir die vielen
guten ehrlichen Väter und Mütter, die lieben un=
schuldigen Kinder, so im Geiste alle vorstelle, die
Schlacht=

Schlachtopfer, eines unter dem Volke so allgemeinen angenommenen Grundsatzes werden, den gewis-
senlose Apotheker und abscheuliche Quacksalber zu ihren Nuzen unterhalten können, ohne daß die Thrä-
nen vieler 1000 verlassenen die Beule erweicht,
welche die Gewinnsucht in ihr Herz grub — O!
ich möchte von Dorf zu Dorf, von Haus zu Haus
gehen, bitten, beschwören, erklären und mit lauter Stimme, mitten auf den Märkten und wenns
möglich wäre, mitten in der Welt hintreten und
rufen: „Werdet doch nicht eure eigene Mörder
„und die Mörder anderer, aus Leichtsinn, aus
„übel angewandter Menschenliebe, und aus
„Gewinnsucht!‟ Wäre ich Fürst, ich ließe den
ein Brandmark an die Stirne brennen, und als
Beispiel durchs ganze Land führen, der sich unter-
stünde mit Menschenleben zu spielen, das heißt: eine Kunst ausüben, die er nicht gelernt hat. Ich
ließ den als Thoren, als gewissenlosen Menschen öffentlich zur Schau ausstellen, der es wagte, einen
ungelehrten sein und seiner Familien Leben und Wohl
anzuvertrauen; es ist ein öffentliches Verbrechen
und verdient daher auch öffentliche Bestrafung.

Aug. Mein Gott! wie kommen Sie in Eifer,
was bringt Sie denn hierzu?

Arzt. Die Gewohnheit der Menschen, bey jedem Uebelbefinden, Schweißtreibende Mittel zu nehmen, die Dummheit der Quacksalber, jede Krankheit

heit durch Heraustreibung eines Frieselausschlags heilen zu wollen.

Aug. Die Leute sprechen aber, es wäre gut, wenn ein Friesel heraus käme, und die Kurirer könnens ja jedesmal in dem Urin sehen, ob eins heraus muß.

Arzt. Ob es gut oder nicht gut sei, wenn ein Friesel erscheint, soll er in der Folge noch erfahren. Daß die Harnpropheten, aus dem Urin erkennen können, ob ein Friesel herausgetrieben werden müsse, geht ganz natürlich zu —

Aug. Wie so denn?

Arzt. Bringe Er mir heut Abend seinen Urin, ich will ihm daraus sagen, daß er sich morgen brechen wird, wenn ich Ihm ein Brechpulver gebe, das er Morgen einnimmt. So ists mit dem Friesel ebenfalls, die Harnpropheten sehen im Urin, das heißt mit andern Worten: sie geben den Kranken solche Mittel, die einen Frieselausschlag heraustreiben und der Kranke ist so dumm zu glauben, als habe es der gelehrte Landknecht, Scharfrichter, Pfarrer, und Apotheker dieses im Urin gesehen. *)

Aug. Da haben wirs auf einmal. O ihr Betrüger! O ihr Betrogenen! deswegen halten auch die rechten Doktors nichts auf den Urin.

Arzt.

*) Mehr davon lehrt die deutsche Volkszeitung, die alle solche Kerls, wer sie auch sind, nach und nach mit Namen nennt.

Arzt. Weil jedem rechtschaffenen Arzt der Kredenztisch des Urins abscheulich bleibt. Doch ich komme ganz von meinem Wege, ich wollte ihm ja sagen, was ich vom Schwitzen überhaupt halte. — Der ganze menschliche Körper ist mit Millionen Oefnungen besäet, und dessen Haut durchlöchert wie ein Sieb; wo man nur mit dem Finger hingreift, berührt man viele dieser Oefnungen, sie heißen Schweißlöcher, oder besser Dunstlöcher, weil der Körper durch diese beständig ausdünstet und zwar so, daß von 8 Pfunden, die der Mensch, an Speise und Trank genießt, ohngefähr 5 Pfund durch diese Wege, wieder aus dem Körper gehen.

Aug. Davon merkt man ja nichts?

Arzt. Weswegen denn auch die Aerzte dieses die unsichtbare Ausdünstung nennen.

Aug. Die Sache kommt mir aber immer noch unglaublich vor?

Arzt. Nun wenn Ers sehen will, so lege er die Hand an die kalte Fensterscheibe, sieht Ers, wie sie beschlägt, das heist: wie sich der Dunst an dem kalten Glase sammlet, und vermehrt, so daß er durch kleine Tropfen sichtbar wird.

Aug. Wie dringt aber der Dunst durch die Kleider?

Arzt. Nicht allein hierdurch, sondern sogar durch die Schuhsohlen. Dieses sieht Er deutlich, wenn er in der Kirche eine Weile auf den kalten steinernen Platten steht. Auch die Lunge dunstet so aus.

Die-

Dieses sieht Er leicht, wenn Er seinen Athem, an einem Spiegel, oder andern glatten polirten Sachen, als Messer u. d. gl. gehen läßt. Eben so die Gedärme. Daher ich denn schon sagte, daß das Laxieren nichts anders sey, als ein Spritzen der Gedärme, und wenn er will, so könnte man das Spritzen ein Laxieren der Haut nennen.

Aug. Wozu ist denn alles dieses nöthig?

Arzt. Zur Erhaltung des Lebens und der Gesundheit, weil im gesunden Zustande hiedurch, die überflüßige Feuchtigkeit aus dem Körper geschaft wird, (um das Gleichgewicht zu erhalten, davon wir schon öfters sprachen) in Krankheiten aber dadurch viele schädliche Theile weggeschaft, oder wie man sich im gemeinen Leben ausdrückt: Krankheiten gebrochen werden: hierauf gründet sich der Nutzen und der Schaden des Schwitzens.

Aug. Wie entsteht denn der Schweiß?

Arzt. Wenn diese Ausdünstung so schnell und häufig wird, daß, ehe bevor ein Theil verdünstet, schon ein andrer an die Stelle tritt, so entsteht eine Sammlung der Ausdünstung auf der Haut. Diese heißt man, im Ganzen: Schweiß, und im einzeln: Schweißtropfen. Die Ursache hievon ist ein vermehrter Kraislauf des Blutes, mehrere Auflösung und Verdünnung der Säfte und mehrere Erschlaffung der Haut.

Aug. Erklären Sie mir dieses doch etwas umständlicher?

Hundertj. Kal. M Arzt.

Arzt. Wir wollen annehmen, sein Puls schlüge gewöhnlich 70 mal in einer Minute. In dieser Zeit und in dieser [...] [...] sein Körper, in einer Stunde ein [...] [...]. Wird nicht, wenn die [...], durch irgend einer Ursache, vermehrt werden, [...] [...] mehr ausdünsten?

Aug. [Freylich]!

Arzt. Wenn er viel, oder mehr als gewöhnlich trinkt, wird nicht dadurch das bekannte Gleichgewichte aufgehoben? und sich die Natur dieses Ueberflüßigen wieder entledigen müssen, um so mehr, wenn durchs trinken, die Säfte verdünnt werden?

Aug. Allerdings.

Arzt. Wenn die Hautgefäße, die die Ausgänge der Schweislöcher aus guten Ursachen verengert halten, auf diese oder jene Art, erschlaffen, dadurch die Oefnungen weiter werden, wird nicht alsdenn auch mehr Feuchtigkeit durchdringen?

Aug. Ja wohl.

Arzt. Und wenn alle diese Ursachen, nämlich, vermehrter Kreislauf des Bluts, Auflösung der Säfte und Erschlaffung der Haut zusammen kommen, wird nicht die Folge davon ein übermäßiger Schweis seyn?

Aug. Das glaube ich und sehe es ein.

Arzt. Da dieses nur im gesunden Zustande nicht geschieht, so ist Schweis [...] eine Krankheit.

Aug.

Aug. Da wäre man ja des Sommers immer krank, wie einem da schwitzt.

Arzt. Nein, weil nämlich zu der Zeit das Blut rascher herum geht, man mehr trinkt, und Wärme die Haut erschlafft.

Aug. Schon wieder was gelernt. Warum schadet denn das Schwitzen?

Arzt. Weil es den Körper erhitzt, seiner Feuchtigkeit beraubt, und schwächt; hat ihn denn das Schwitzen nie ermattet?

Aug. Jedesmal! warum geben aber die Aerzte solche Mittel?

Arzt. Wann der Mensch sich, in dem entgegengesezten Zustande, befindet, wenn die Ausdünstung gehemmt, wenn zu viel Feuchtigkeit im Körper ist, wenn die Natur mittelst Weges Schärfe oder Krankheits-Materien wegschaft, u. s. w.

Aug. Was wäre denn unter solchen Umständen das beste Mittel?

Arzt. Kein allgemeines Mittel giebt es nicht. Fehlt es an dem Umtrieb der Säfte, so dienen reizende Herzstärkende Mittel, sein sie zu dick, auflösende, kann der Schweis nicht durch die Haut, so werden erweichende Mittel, z. E. warme Bäder, und ist ein Krampf die Ursache, Krampfstillende Mittel helfen. Alles richtet sich nach der Ursache der Krankheit; hieraus muß ihm der Schaden einleuchten, den der unbedingte Gebrauch Schweistreibender Mittel veranlassen.

M 2 Aug.

Aug. Wie so?

Arzt. Was wird es einen Menschen, deſſen Säfte ſo zähe, pechartig und dick ſind, daß ſie nicht durch
die enge Oeffnungen dringen können, helfen, wenn er
den Kraislauf des Blutes vermehrt? Er wird den
Körper ohne Noth reizen, anſpannen, und dadurch
ſchwächen. Sezt er ihm aber einen geraumigen Krug
Waſſer hin, und mit demſelben dabei auflöſende
Arznei, ſo wird ſein Kranker ſchwitzen wie ein jenai-
ſches Studentenpferd. Würde er aber demſelben
hizige Tropfen, nach Art der Urinbeſeher, geben,
recht in Betten einhüllen und dabei tüchtig einfacheln,
ſo werden ſich deſſen Säfte mehr und mehr verdicken
und ein tödtliches Frieſel ſeiner Kur ein Ende machen. Wie dieſes ſo häufig der Fall, beſonders bei
Wöchnerin iſt.

Aug. Mir überläufts bald heis bald kalt; auf
dieſe Art hat der Apotheker in A.** wohl 20 Wöchnerin, in unſerm Dorf, in kurzer Zeit hingerichtet.
Ich werde mich hüten dergleichen Mittel zu brauchen.
Kann man ſich denn aber nicht auf eine wenigere
gefährlichere Art helfen?

Arzt. Keine Art und kein Mittel iſt gefährlich,
wenns an den rechten Mann kommt, jedes kann aber
in entgegengeſezten Fällen, ſchädlich werden.

Aug. Bei Schnupfen oder ſonſtiger Erkältung
thut doch der Holunder oder Fliederblüthen-Thee
nicht gut.

Arzt. Recht ſehr gut und iſt allen andern Mitteln

teln auf gewiſſe Art vorzuziehen. Ich will Ihm aber
doch noch ein beſſeres anrathen, und dieſes iſt das
kalte Waſſer. Trinke er einmal heute Abends von
Zeit zu Zeit ein' halbes Nöſel, bis daß er 2 Kannen
ausleert, eſſe er nicht viel, und lege er ſich dann zu
Bette, und wäre es in einer kalten Kammer, wo
er ſchliefe, ſo wird ſich die Natur dieſes Ueberfluſſes
durch die Ausdünſtung, zu entledigen ſuchen, neue
Schärfe mit wegführen, und ihm wohl werden. Dieſes iſt ein unſchuldiges Mittel, nicht allein unſchul-
dig, ſondern vortreflich, beſonders wenn Er ſich etwa
erkältet hat, ihn der Schweiß, wie man im gemeinen
Leben ſagt, zurückgetreten, und er dabei vorher
geſund geweſen iſt. Liegt er aber an einer Krankheit darnieder, deren Urſache er ſich nicht aus dieſer
Quelle erklären kann, ſo geh oder ſchicke er zum Doktor, der wird ihm helfen, ohne daß ein Frieſel ihn
an die Pforten des Todes bringt — Doch auch
hiervon genug, komm Er morgen hübſch bei Zeiten
wieder.

Der andre Tag kam herbei, Auguſt aber, wider
alle Gewohnheit, nicht — eben ſo wenig ließ er ſich
am dritten und vierten Tage ſehen. — Iſt er etwa
gar krank geworden? Richtig, denn am fünften Tage
kam endlich ſeine Schweſter und meldete, daß ihn die
Blattern niedergeworfen hätten. Zwiſchen ihr, und
dem Arzte entſtand dabei nun folgende Unterredung.

Drei-

Dreizehendes Gespräch,

zwischen Augusts ältere Schwester, der Frau Wunderl-
chen und dem Arzte, über das Entwöhnen der Kinder.

Fr. W. Ich soll ein schönes Kompliment von
meinem Bruder ausrichten, und Sie bitten, daß Sie
sein Außenbleiben ja nicht etwa für eine Nachläßig-
keit halten sollen, und ich selbst muß in diese Bitte
einstimmen, denn der arme Schelm kann nicht kommen — er liegt schon seit 4 Tagen im Bette und
kriegt die Blattern.

Arzt. O weh! der brave August, dauert mich,
wenn er nur gut durchkommt! —

Fr. W. Er ist sehr krank — wird wahrscheinlich viel dulden müssen, das beunruhigt ihn aber
nicht so sehr, als daß es Ihren weitern Unterricht
einstellet.

Arzt. O darüber soll er sich zufrieden geben, denn
das wichtigste, was aus der Arzneikunst, bei Kin-
dern vorkommt, hab ich ihm schon gesagt. — Von
dem Entwöhnen der Kinder hätt' ich allenfalls noch
mit ihm sprechen können, allein darzu ist ja, bei ihm,
weil er keine Frau hat, noch Zeit.

Fr. W. Ja wohl. — Wenn Sie aber die Gelegenheit haben und mir das mittheilen wollten,
was

wes Sie ihm über diesen Punkt haben beibringen
wollen, so würden Sie es gerade an den rechten
Mann bringen. Denn ich bin in der Lage, daß ich
ehestens mein Kind von der Brust entwöhnen will.

Arzt. Mit Vergnügen.   Auch in diesem Stücke
herrscht nicht nur unter dem gemeinen Manne, sondern auch unter vielen Vornehmen noch ein schädli-
cher und lächerlicher Aberglaube. Man glaubt nämlich, unter andern, da den Mond fragen zu müssen, wo man den Arzt fragen sollte.

Fr. W. Der Mond soll aber doch einen beson-
dern Einfluß auf unsre Erde, und auf unsern Körper haben?

Arzt. Diese Behauptung wollen wir itzt an ihren
Ort gestellt sein, ihre Untersuchung den Herren Gelehrten überlassen, so viel ist aber doch gewiß, daß
sich die Kalendermacher darum nicht bekümmern, sondern das Zeichen zum Kinderentwöhnen, — die
Nutschbüchse hineinsetzen, wenn es ihnen einfällt. —

Fr. W. Wie konnte sich aber der Glaube deren
so lange erhalten?

Arzt. Dies kommt daher, weil glauben leichter ist, als untersuchen, und weil diejenigen Menschen, denen es an Geduld oder Kraft darzu fehlt, den
Grund oder Ungrund einer Sache zu untersuchen,
es nicht leiden können, daß klügere Menschen, neben ihnen, wissen, warum? und wann man etwas
für wahr oder unwahr halten muß? Es ist daher eine lächerliche Sache oder Verachtung, wenn diese an
dem

dem Alten, so gern kleben, und an das Uebernatür-
liche lieber glauben, als das Natürliche untersuchen wollen.

Fr. W. Es richten sich aber die Hebammen oder
Weh mütter auch in diesem Stücke nach dem Kalender?

Arzt. Leider! Es sind aber auch diese meistens
rohe und unwissende Weiber, die all ihr Glück der
guten Natur zu verdanken haben. Sie erlernten
blos einige Handgriffe, ohne die so nötbige Kenntniß vom menschlichen Körper zu haben, meistens wieder von einer alten Hebamme, und erbten von dieser auch allen Aberglauben, Vorurtheile und Dummheit. Das Erzwungene oder freiwillige Zutrauen
der Wöchnerin schmeichelt ihrem Ehrgeize, sie werden dadurch stolz, und ein unausstehlicher Eigendün-
kel verschließt ihre Ohren für alle Belehrung und Zu-
rechtweisung. Sie berechnen ihre Geschicklichkeit
und ihre Kenntnisse, bei jeder Gelegenheit, nach der
Menge der Kinder, welche die thätige Natur ihnen,
ohne ihre Hülfe, in die Hände überlieferte. Sie
suchen ihr Ansehen dadurch zu behaupten, und zu
sichern, daß sie den Arzt, durch Verleumdungen
oder andre Kniffe aus der Wochenstube verdrängen,
damit ihre Vergehen nicht gerächt, und ihre Geheim-
nißkrämereien nicht lächerlich gemacht werden. Sie
zerknicken, wie reisende Sturmwinde, unzählige
Sprößlinge des Landes. Sie machen viele Mütter
unglücklich, und sind wahre Zigeuner, unter uns
Menschen. Alles was man bis itzt, hier und da,

mit

so waren Kosten zu ihrer Besserung und Belehrung gethan hat, konnte den gehofften Nutzen
nicht leisten, weil man zu viel Liebe und zu
wenig Strafe damit verband. Von diesen
Weibern, beste Freundinn! kommt und erhält sich
noch der Aberglaube wegen des Entwöhnens der Kinder.

Fr. W. Es ist also wohl eben so schädlich als
lächerlich, die Kinder an bestimmten Tagen zu
entwöhnen?

Arzt. Allerdings, sonst würde ich die Sache
nicht so ernsthaft ansehen. Nur Zeit und Umstände können auch hier richtig entscheiden. Dabei
giebt es nun aber viele allgemeine und besondere
Regeln, die man beobachten muß, wenn nicht Mutter und Kind dabei leiden sollen.

Fr. W. Diese und warum sich Mutter und
Kind dabei einer Gefahr aussetzen, möcht' ich gern
wissen.

Arzt. Das will ich Ihr sagen. Der Mensch
gewöhnt sich sehr leicht an etwas, das er anhaltend genießt, oder lange und anhaltend ver-
richtet. Die schnelle oder plötzliche Abänderung
oder Unterlassung ist, in jedem Falle, sehr nachtheilig. Auf diesem richtigen Erfahrungssatz gründet sich der Schaden, den Mutter und Kind von
dem plötzlichen Entwöhnen zu erwarten haben, so
wie sich hieraus der Vortheil, den das allmählige

N   Hin-

Hinwegthun von der Brust für beide Theile hat,
leicht und richtig herleiten läßt.

Fr. W. Also gar ein allmähliges Entwöhnen!
Wenn dies unsre Kindfrau hörte, wie würde die
den Kopf schütteln. Aber sagen Sie mir doch, warum dieses so gut und jenes so schädlich ist?

Arzt Die weise Natur bereitet schon während
der Schwangerschaft, die Werkstäte der Milch als
künftige erste Nahrung des neuen Weltbürgers vor,
die verengerten Milchadern der Brüste werden durch
das Eintreten einer wässerichten Feuchtigkeit allmählig erweitert, und gangbar gemacht, und hierdurch der kommenden Milch der Weg gewiesen und
gebahnet.

Fr. W. Wo kommt aber die Milch her?

Arzt. Aus dem Blute, woraus alle Säfte unsers Körpers abgeschieden werden. Ihrem Bruder
zeigte ich bei einer andern Gelegenheit, daß sich
alle Schlagadern endlich in Blutadern verwandeln.
Ehe dies nun geschieht, so entspringen, in den
Brüsten der Weiber, aus den Schlagadern kleine
Seitenäste, und durch diese wird die Milch aus
dem Blute abgesondert. Sie fliesen in grösere
Kanäle zusammen, und öffnen sich in den Brustwarzen Das Saugen des Kindes, der Druck
der äusern Luft, und die Niederkunft befördern die
mehrere Absonderung der Milch.

Fr. W. Wie kann dies aber die Niederkunft
bewirken?

Arzt.

Arzt. Da das Kind im Mutterleibe ohne Nahrung weder leben noch wachsen kann, so geht eine grose Menge Blut aus der Mutter in das Kind, weswegen denn die Weiber auch, während der Schwangerschaft mehr Blut haben, als ausser derselben. Es würde nun, die plötzliche Veränderung, welche durch die Geburt des Kindes entsteht, sehr gefährlich für die Mutter werden, wenn nicht ein Theil desselben durch die Geburtsreinigung weggeschaft würde, und der andre Theil nach den Brüsten ginge, um dort die Milch abzusondern; Auf diese Art, wird das Gleichgewicht erhalten, von welchen die ganze Gesundheit eines Menschen, wie bekannt, abhängt.

Fr. W. Alles gut. Sie sagen mir aber immer noch nicht, warum das plötzliche Entwöhnen der Mutter und dem Kinde schädlich ist.

Arzt. Dies soll Sie nun gleich erfahren. Wenn nämlich eine Mutter ihr Kind, eine Zeitlang, gestillt hat, so gewöhnt sich Ihr Körper an diese tägliche Ausleerung — die Natur wendet alle Kräfte an, diese Ausleerung ohne Nachtheil für den übrigen Körper ertragen zu können. Darum haben auch die Weiber, zu der Zeit, stärkeren Appetit, und die übrigen Ausleerungen und Absonderungen sim gemindert. Wird nun das Kind auf einmahl entwöhnt, so fällt ja dadurch die Milchausleerung weg, obgleich die schon zubereitete Milch, und die körperliche Anlage und Einrichtung

N 2   hierzu

hierzu, noch immer da ist. Es entsteht daher gleich=
sam eine milchhafte Vollsäftigkeit, die böse Brüste,
und viele Krankheiten zur Folge haben können.

Fr. W. Und dem Kinde ist es auch schädlich?

Arzt. Allerdings. Wie weh muß es nicht dem
armen Würmchen thun, wenn sich's blos von Kuh=
und Ziegenmilch, Mehlbrei und andern schwerer
zu verdauenden Nahrungsmitteln ernähren soll, und
die so lange gewöhnte aber auch so leicht zu verdau=
ende, seiner Natur so ähnliche und von der Mut=
ter schon zubereitete Milch auf einmahl entbehren
muß.

Fr. W. Das kann man sich leicht vorstellen —
und sie thun daher auch zu der Zeit recht kläglich.

Arzt. Ja wohl. Wenn das Kind nun noch
obendrein schwächlich ist, oder mit den Zähnen um=
geht, dann ist es ein wahres Glück, wenn es
diese plötzliche Veränderung erträgt, und nicht
in Krankheiten verfällt, die von übel verdaueter
Nahrung entstehen, und an den jährlich so viele
Kinder sterben.

Fr. W. Wie hat man sich denn aber eigentlich
dabei zu verhalten?

Arzt. Ehe Sie Ihr Kind von der Brust ent=
wöhnt, so muß sie sich so verhalten, daß die Ab=
sonderung der Milch vermindert wird. Dies ge=
schieht, wenn Sie wenige nahrhafte Speisen genießt,
statt Bier, Wasser trinkt, und sich fleißig, in freier
Luft, Bewegung macht — kurz, wenn sie so lebt,
wie

wie ich Ihrem Bruder gesagt habe, als wir, beim Kapitel, über's Aderlaßen, von der Verminderung der Vollblütigkeit, mit einander sprachen.

Fr. W. Und dann kann ich das Kind entwöhnen?

Arzt. Nicht sogleich. Wenn Sie einige Tage, auf diese Art, gelebt hat, so reicht sie, in 24 Stunden, dem Kinde nur dreimahl die Brust. Nach Verlauf von 3 Tagen thut Sie das nur zweimahl, und nach abermahligen Verfluß von 3 Tagen nur einmahl in 24 Stunden. Dabei giebt Sie dem hungernden Kinde zu bestimmten Zeiten etwas Griesmuß, u d läßt ihm halb gewärmte, aber nicht gekochte Kuhmilch und halb Fenchelthee trinken. Das Geschrei des Kindes darf Sie aber ja nicht verleiten, mit dem Brei oder dem Getränke immer bei der Hand zu sein, denn dadurch würde Sie das Kind überfüttern und krank machen. In 24 Stunden 3mahl gefüttert, und 6mahl trinken laßen, ist vollkommen genug.

Fr. W. Und ich, als Mutter, brauche weiter nichts zu thun?

Arzt Ja, Sie muß an dem Entwöhnungstage ein Laxiertränkgen nehmen, das jeder Apotheker macht, fein früh aufstehen, und sich spät niederlegen, Queckenthee oder Citrone in Waßer, oder an deren Stelle, Eßig in Waßer trinken, fleißig spaßieren gehen, und sich vor aller Erkältung, Aergerniß und Schrecken hüten, auch überhaupt, einige Tage, schmale Bißen genießen.

Fr. W. Und nichts auflegen, daß die Milch verzehrt?

N 3   Arzt.

Arzt. Will Sie durchaus etwas äußerlich ge=
brauchen, so kann Sie die Brüste, einigemahl
des Tages, mit Essig und Wasser kalt waschen
dieses wird bessere Dienste thun, als alle Sal=
ben und Pflaster, womit die Wehmütter die
Brüste bekleistern Unter dieser Behandlung wird
keine Mutter große Beschwerden fühlen.

Fr. W. Sagen Sie mir nur aber, was das
Laxieren helfen soll?

Arzt Dadurch werden die Menge der Säfte
vermindert, und der Zufluß derselben, da, wo
er ist ihnt hinging, abgeleitet.

Fr. W. Das ist etwas ganz anders. Welches
ist denn aber die schicklichste Zeit zum Entwöhnen?

Arzt. Hierbei muß Sie erstlich auf Ihre eigne
Gesundheit sehen, ob Sie die tägliche Auslee=
rung der Milch erträgt, ohne davon schwächlich
oder mager zu werden — aber auch auf das Be=
finden Ihres Kindes Rücksicht nehmen. Ist
nicht nur Sie sondern auch dieses gesund so
kann Sie dasselbe bis zum 9ten Monath säugen,
und es alsdann, auf die vorhin angegebne Art,
in Gottes Namen, entwöhnen.

Fr. W. Neun Monathe sind also überhaupt
das rechte Alter, in welchem die Entwöhnung
geschehn muß?

Arzt Keine Regel ohne Ausnahme. Wären
etwa die Blattern in der Gegend, oder herrschte
eine andre Kinderkrankheit, oder das Kind woll=
te Zähne bekommen, oder die Mutter wäre
kränklich, so, daß ihr die Milch fehlte, oder sie
wäre wieder schwanger, oder hätte schon wieder
monathlich mit ihrer Natur zu thun, so muß sie
einen Arzt um Rath fragen, und — keine He=
bamme. Indes leb Sie wohl — grüß Sie Ih=

ren

ren Bruder — sag' Sie Ihm, daß ich ihn sehr
bedauerte, und vielleicht heute noch besuchen
würde.

Fr. W. O Sie sind allzugütig — doch haben
Sie die Gewogenheit, und thun es, ich danke
Ihnen schon im voraus gehorsamst dafür.

Vierzehndes Gespräch.

zwischen dem Kalendermann und dem Arzt — über die
bevorstehende Ausrottung der Blattern.

Arzt. Wissen Sie denn, lieber Freund!
warum unser August, seit Sonntags, nicht zu
uns gekommen ist?

Kalm. Warum denn? Ist er krank?

Arzt. Ja wohl — er bekommt die Blattern.

Kalm. O! die verfluchten Blattern! Was haben sie nicht schon für Unheil unter den Menschen
angerichtet! Schrecklich ist es nur, daß wir so ein-
fältig sind und dies immer noch zulassen.

Arzt. Sie sind doch nicht etwa auch der Meinung, daß ihre Ausrottung möglich ist?

Kalm. Warum nicht? Bin ich von irgend etwas überzeugt, so ist es dies, daß es blos auf
uns Menschen ankommt — ob unsre Kinder fernerhin dieselben noch bekommen sollen oder nicht
— überzeugt, daß blos unsre europäische Gedank-
losigkeit, und Einfalt daran schuld ist, daß diese scheußliche Pest noch so unbarmherzig unter
uns wüthet.

Arzt.

Arzt. Ich bin es auch, und stellte mich nur so, als ob ich diese Menschenbeglückende Wahrheit bezweifelte, um zu hören, was Sie darzu sagen würden. Ich weiß es gar wohl, daß viele meiner Herren Collegen die Möglichkeit der Blatterausrottung bestreiten und lächerlich zu machen suchen; Aber warum? weil sie dadurch manche schöne Einnahme zu verlieren fürchten, welche ihnen gegenwärtig die leidige Einimpfung dieser gräßlichen Krankheit und ihre Kur verschaft. Von der Art bin ich aber, wie Sie wissen, warlich nicht — Die Wohlfahrt des ganzen Menschengeschlechts ist mir heiliger als einige Thaler eder des Geld.

Kalm. Das weiß ich — hören Sie daher einen Vorschlag!

Arzt. Und der bestehet?

Kal. Darinne, daß wir mit einander ein Büchelchen verfertigen, und in denselben diese wichtige Sache, so ins Licht setzen wollen, daß kein Mensch, der nur 5 Sinne und gesunden Verstand hat, daran ferner zu zweifeln es wagen soll.

Arzt. Das sprechen Sie mir ganz aus meiner Seele heraus.

Kalm. Schön. Nichts soll uns aber auch leichter werden, als die Möglichkeit und leichte Ausführbarkeit der Blatterpost darzuthun, denn wenn man weiß, daß es eine Zeit gab, wo man dieselbe in Europa noch gar nicht kannte, wenn man weiß, daß der Stoff zu derselben durchaus weder im menschlichen Körper noch in der Luft liegt, wenn man weiß, daß es viele Inseln und Länder giebt, wo sie ehedem auch wütheten, aber auch schon wirklich wieder ausgerottet sind, so müßte man gar keine Vernunft haben, wenn man sich nicht überzeugen wollte, daß sie auch
in

in Deutschland und Europa überhaupt wieder
verjagt werden könnten, so wie ehedem die Pest
wieder über Europa's Grenzen hinüber getrieben
wurde.

Arzt Ja wohl — Man darf ja nur recht leb=
haft und ausführlich zeigen, wie man in Chili,
Guinea, (der Goldküste) St Helena, dem Vor=
gebürge der guten Hofnung, auf Louisiana,
Majorka, Alea, Peru (Guito) Rhode=Island,
und Garu *), wo die Menschen lange noch lange
nicht so aufgeklärt sind, als wir es in Europa
zu sein glauben; Ich sage: man darf es nur
recht deutlich darthun, wie diese Menschen die
Blattern schon wirklich seit langer Zeit aus ihren
Ländern wieder verjagt haben, so wird man
staunen, daß wir klugen Europäer so dumm
sind, und es nicht weit eher schon gethan ha=
ben

Kalm Richtig — der Titel des Buchs soll
ohngefähr heißen: Blatternbuch für das ganze
deutsche Volk zur Beherzigung.

Arzt. Recht so, denn es ist dies warlich ein
Punkt, der ganz Deutschland — ja den ganz
Europa nicht genug beherzigen kann.

Kalm. Ja wohl — ich wollte daher nur wün=
schen, ich könnte einstweilen folgende zwei kleine
Schriften, in jede Familie bringen, nämlich:
Faust's Gesundheitskatechismus, nach der neu=
sten Auflage, und Fausts Versuch über die
Pflicht der Menschen, jeden Blatterkranken
von der Gemeinschaft der Gesunden abzuson=
dern.

Arzt.

---

*) Alles Länder und Inseln, die in diesem Buche zu=
gleich aufs deutlichste beschrieben werden.

Arzt. Sie kosten ja wenig – beide zusammen, glaub ich, nur 9 Kreuzer, und sind ja überall zu haben. Itzt komm! und laß uns unsern August besuchen –– Wenn wir wieder kommen, wollen wir noch manches besprechen.

Nachricht.

Alles, was nun noch etwa in Absicht des Kalenderwesens dunkel seyn sollte, wird nach und nach in der Volkszeitung erläutert werden.

Wegen Entfernung des Druckorts, haben sich unter andern, folgende Druckfehler eingeschlichen.

p. 138 Z. 15 st. jederzeit ließ jeder Zeit.
— 149 — 23 — Verarbeitung ließ Verbreitung.
— 153 — 22 — verdaut l. verdünnt.
— 154 — 13 — Geschieht l. Geschieht dieses aber.
— 157 — 27 — verachten l. verrathen.
— 164 — 28 — verdaut l. verdünnt.
— 168 — 4 — Kindsbech l. Kindspech.
— 173 — 5 — Spritzen l. Schwitzen.
— ―― — 7 — Spritzen l. Schwitzen.
— 174 — 1 — schließe l. schlüge.
— 175 — 16 — Mittelsweg l. mittelst dieses Wegs.

Monatstage	Namenstage des verbess. Kal.	Namenstage des gregor. Kal.	Monatstage des alten Kal.	Namenstage des alten Kal.	Sonnen Aufgang		Sonnen Untergang		Tageslänge		Nachtlänge	
					Uhr	M.	Uhr	M.	St.	M.	St.	M.
1	Neujahr	Neu Jahr	20 Dec.	Ammon	8	—	4	—	7.	56	16.	4
2	Abel, Seth	Mar. Bisch.	21	Thomas	7	59	4	1	7.	56	16,	4
3	Enoch	Enoch	22	Beata	7	59	4	1	7.	58	16.	2
4	Isabella	Titius B.	23	Dagobert.	7	58	4	2	7.	58	16.	2
5	Simeon	Telesphorus	24	Adam Eva	7	57	4	3	8	0	16.	0
6	Ersch. Chr.	H. 3 Kön. C. Melch. Balth.	25	Heil. Christt.	7	57	4	3	8.	2	15.	53
7	Raimund	Raimund	26	Stephanus	7	56	4	4	8.	4	15.	56
8	Erhard	Erhard	27	Joh Enth.	7	55	4	5	8.	6	15	54
9	Martial.	Marcellan 9	28	Unsch.Kindl.	7	54	4	6	8.	8	15.	52
10	Paul Eins.	Paul Eins.	29	Jonathan	7	53	4	7	8.	8	15.	52
11	Hyginius	Hyginius	30	David	7	52	4	8	8.	10	15.	50
12	Reinhold	Ernestus	31	Silvester	7	5	4	8	8.	12	15	48
13	Hilarius	Hilarius B.	1 Jan.	Neu Jahr	7	5	4	9	8.	14	15.	46
14	Felix	Felix Pr.	2	Abel, Seth	7	49	4	10	8	16	15.	44
15	Maurus	Maurus A.	3	Enoch	7	48	4	11	8.	18	15.	42
16	Marcellus	Marcellus	4	Isabella	7	47	4	12	8.	20	15.	40
17	Antonius	Nam. Jrs.	5	Simeon	7	46	4	13	8	22	15.	38
18	Prisca	Prisca J.	6	Ersch Christi	7	45	4	14	8	24	15.	36
19	Sara	Canutus	7	Raimund	7	44	4	16	8.	26	15.	34
20	Fab. Seb.	Fab.Sebast.	8	Erhard	7	43	4	17	8.	30	15.	30
21	Agnes	Agnes, J.	9	Martial	7	42	4	18	8.	32	15.	28
22	Vincentius	Vincentius	10	Paul Eins.	7	41	4	19	8.	34	15.	26
23	Emerent.	Bern. Mar.	11	Hyginius	7	39	4	21	8	38	15.	22
24	Timotheus	Timotheus	12	Reinhold	7	8	4	22	8.	40	15.	20
25	Pauli Bek.	Pauli Bek.	13	Hilarius	7	37	4	23	8.	42	15.	18
26	Polycarpus	Polycarpus	14	Felix	7	35	4	25	8.	46	15	14
27	Joh. Chrys.	Joh. Chrys.	15	Maurus	7	34	4	26	8.	48	15.	12
28	Carl	Carolus	16	Marcellus	7	32	4	28	8.	52	15.	8
29	Valerius	Franc. de S.	17	Antonius	7	31	4	29	8.	54	15.	6
30	Adelgunda	Martina J.	18	Prisca	7	29	4	31	8.	58	15.	2
31	Virgilius	Pet. No.	19	Sara	7	28	4	32	9.	0	15.	0

Den 20sten tritt die Sonne in das Zeichen, das man Wassermann nennt, und wird dies im Kal. so angegeben. ⊙ im ♒. Siehe im aufrichtigen Kalendermanne das 15 de Gespräch.

Monatstabelle für den Februar,

der in einem gemeinen Jahre 28 — in einem Schaltjahre aber 29 Tage hat —. In diesem Falle wird zu dem 25ten das Wort Schaltjahr gesetzet — die übrigen Namen rücken dann alle um einen Tag fort.

Monatstage	Namenstage des verbeff. Kal.	Namenstage des gregor. Kal.	Monatstage des alten Kal.	Namenstage des alten Kal.	Sonnen Aufgang Uhr M.		Sonnen Untergang Uhr M.		Tageslänge St. M.		Nachtlänge St. M.	
1	Brigitta	Ignat. B.	20	Fab. Sebast.	7	27	4	33	9	4	14	56
2	Mar. Rein.	Mar. Lichtm.	21	Agnes	7	5	4	35	9	6	14	54
3	Blasius	Blasius, B.	22	Vincent.	7	3	4	37	9	10	14	50
4	Veronica	Veronica	23	Emerent.	7	22	4	38	9	12	14	48
5	Agatha	Agatha, J.	24	Timotheus	7	0	4	40	9	16	14	44
6	Dorothea	Dorothea	25	Paul. Bek.	7	17	4	43	9	20	14	40
7	Richard	Richard	26	Polycarpus	7	15	4	45	9	22	14	33
8	Salomon	Joh. de M.	27	Joh. Chrys.	7	14	4	46	9	26	14	34
9	Apollo	Apollonia	28	Carolina	7	12	4	48	9	30	14	30
10	Scholastica	Scholastica	29	Valerius	7	10	4	50	9	32	14	28
11	Euphrosina	Euphrosina	30	Adelgunda	7	9	4	51	9	36	14	24
12	Eulalia	Eulalia, J.	31	Virgilius	7	7	4	53	9	40	14	20
13	Castor	Jordinus	1 Febr.	Brigitta	7	5	4	55	9	42	14	18
14	Valentin	Valentin	2	Mar. Rein.	7	4	4	56	9	46	14	14
15	Faustin	Faustinus	3	Blasius	7	2	4	58	9	50	14	10
16	Juliana	Juliana	4	Veronica	7	0	5	0	9	57	14	6
17	Constant.	Donatus	5	Agatha	6	58	5	2	9	58	14	2
18	Concordia	Simon B.	6	Dorothea	6	57	5	3	10	2	13	58
19	Susanna	Mansuetus	7	Richard	6	55	5	5	10	6	13	54
20	Euchari	Eucharius	8	Salomon	6	53	5	7	10	10	13	50
21	Eleonora	Eleonora	9	Apollonia	6	52	5	8	10	14	13	46
22	Petri Stulf.	Petri Stulf.	10	Scholastica	6	50	5	9	10	18	13	42
23	Eberhard	Eberhard	11	Euphrosina	6	49	5	11	10	22	13	38
24	Matthias	Matthias	12	Eulalia	6	48	5	12	10	26	13	34
25	Victor.	Victor M.	13	Castor	6	46	5	14	10	30	13	30
26	Nestor	Alexander	14	Valentin	6	44	5	16	10	34	13	26
27	Leander	Leander	15	Faustin	6	42	5	18	10	36	13	24
28	Renata	Renata	16	Julianus	6	40	5	20	10	40	13	20

Den 19ten tritt die Sonne in die Fische ⊙ in ♓ —

Monatstage	Namenstage des wahren Kal.	Namenstage des gregor. Kal.	Monatstage des alten Kal.	Namenstage des alten Kal.	Sonnen Aufgang		Sonnen Untergang		Tageslänge	Nachtlänge
					Uhr	M.	Uhr	M.	St. M.	St. M.
1	Albinus	Albinus	17	Constantia	6	37	5	23	10.46	13.14
2	Simplicius	Simplicius	18	Concordia	6	35	5	25	10.50	13.10
3	Kunigunda	Kunigunda	19	Susanna	6	33	5	27	10.54	13.6
4	Adriano	Casimir	20	Eucharius	6	31	5	29	10.58	13.2
5	Friedrich	Theophilus	21	Eleonora	6	30	5	30	11.0	13.0
6	Fridolinus	Toleta J.	22	P. Stulf.	6	28	5	32	11.4	12.52
7	Felicitas	Thom. de Ag.	23	Reinh.	6	26	5	34	11.8	12.48
8	Philemon	Joh. de D.	24	Matthias	6	24	5	36	11.12	12.48
9	40 Ritter	Fransisca	25	Victor	6	22	5	38	11.16	12.44
10	lexander	40 Märtyrer	26	Nestorius	6	21	5	39	11.18	12.42
11	Rosina	Constantin	27	Leander	6	19	5	41	11.22	12.38
12	Gregorius	Gregorius	28	Renata	6	17	5	43	11.26	12.34
13	Ernst	Rosina J.	1 März	Albinus	6	15	5	45	11.30	12.30
14	Zacharias	Mathildis	2	Simplicius	6	13	5	47	11.34	12.26
15	Christoph	Longinus	3	Innocentius	6	11	5	49	11.38	12.22
16	Heribert	Heribertus	4	Adrian	6	9	5	51	11.42	12.18
17	Gertraud	Gertraud	5	Fridericus	6	7	5	53	11.46	12.14
18	Anshelm	Cyrillus, B.	6	Fridolin	6	5	5	55	11.50	12.10
19	Joseph	Joseph	7	Felicitas	6	3	5	57	11.54	12.6
20	Hubert	Joachim	8	Philemon	6	1	5	59	12.58	12.2
21	Benedict	Benedictus	9	40 Ritter	5	59	6	1	12.2	11.58
22	Casimir	Octavianus	10	Alexander	5	58	6	2	12.4	11.56
23	Eberhard	Otto, Bisch.	11	Rosina	5	56	6	4	12.8	11.54
24	Gabriel	Gabriel	12	Gregorius	5	54	6	6	12.12	11.48
25	Mar. Verk.	Mariä Verk.	13	Ernestus	5	52	6	8	12.16	11.44
26	Emanuel	Emanuel	14	Zacharias	5	50	6	10	12.20	11.40
27	Rupert	Rupert., B.	15	Christoph	5	48	6	12	12.24	11.36
28	Malchus	Guntram.	16	Heribert	5	46	6	14	12.28	11.32
29	Eustachius	Michael	17	Gertraud	5	44	6	16	12.32	11.28
30	Guido	Quirinus	18	Anshelmus	5	42	6	18	12.36	11.24
31	Romanus	Balbina J.	19	Joseph	5	41	6	19	12.38	11.22

Den 21sten tritt die Sonne in den Widder ☉ in ♈ Frühlings Anfang

Monatstage	Namenstage verbeſſ. Kal.	Namenstage gregor. Kal.	Monatstage des alten Kal.	Namenstage des alten Kal.	Sonnen Aufgang		Sonnen Untergang		Tageslänge		Nachtlänge	
					Uhr	M	Uhr	M	St	M.	St	M
1	Theodora	Hugo Z.	20	Hubertus	5	39	6	21	12.42		11.18	
2	Theodoſia	Francison P.	21	Benedict	5	33	6	22	12.41		11. 6	
3	Darius	KronChr F	22	Caſimir	5	36	6	24	12.38		11.11	
4	Ambroſius	Iſidorus	23	Eberhard	5	34	6	26	12 52		11. 8	
5	Marinus	Vincentius	24	Gabriel	5	32	6	8	12.56		11. 4	
6	Irenäus	Sixtus, V.	25	Mar. Verk.	5	0	6	30	13. 0		11. 0	
7	Egeſippus	Rufus	26	Emanuel	5	9	6	31	13. 2		10.58	
8	Apollonius	Amam. B.	27	Rupert	5	27	6	33	16. 6		10.54	
9	Bogislaus	Mr Cyrier	28	Malchus	5	25	6	35	13.10		10.50	
10	Daniel	Schm Ma.	29	Eula Hius	5	23	6	37	13. 4		10.46	
11	Julius	Leo, Pigi	30	Guido	5	21	6	39	3.18		10.42	
12	Euſtorgius	Macarius	31	Detlaus	5	19	6	41	13.22		10.38	
13	Patricius	Hermangild	1 April	Theodor	5	17	6	43	13.26		10.34	
14	Tiburtius	Lampert	2	Theodoſius	5	16	6	44	13.28		10.32	
15	Olympius	Anaſtaſia	3	Dir. 26	5	14	6	46	13.32		10.28	
16	Aaron	Calixtus M.	4	Ambroſius	5	12	6	48	13.36		10.24	
17	Rudolph	Rudolph	5	Marinus	5	0	6	50	13.40		10.20	
18	Valerinus	Eduard	6	Irenäus	5	8	6	52	13.44		10.16	
19	Hermogeng	Werner	7	Egeſippus	5	7	6	53	13.46		10.14	
20	Sulpitius	Sulpitius	8	Apollonius	5	5	6	55	13.50		10.10	
21	Adolarius	Anselmus	9	Bogislaus	5	3	6	57	13.54		10. 6	
22	Sotherus	Sother Caj.	10	Daniel	5	2	7	58	13.56		10. 4	
23	Georg	Georg M.	11	Julius	5	0	7	0	14. 0		10. 0	
24	Albrecht	Adalbertus	12	Euſtorchius	4	58	7	2	14. 4		9. 56	
25	Marcus	Marcus Ev.	13	Patricius	4	56	7	4	14. 8		9. 52	
26	Clerus	Clerus, P.	14	Tiburtius	4	55	7	5	14.10		9. 50	
27	Anaſtaſius	Anaſtaſius	15	Olimpius	4	53	7	7	14.14		9. 46	
28	Vitalis	Vitalis	16	Aaron	4	51	7	9	14.18		9. 42	
29	Sibylla	Petr. M.	17	Rudolph	4	50	7	10	14.20		9. 40	
30	Eutropius	Kath. Sen.	18	Valerianus	4	48	7	12	14.24		9. 36	

Am 2often tritt die Sonne in den Stier ♉ ♀ ⊙ ☽

Monatstabelle für den May.

Monatstage	Namenstage verb. Kal.	Namenstage des gregor. Kal.	Monatstage des alten Kal.	Namenstage des alten Kal.	Sonnen Aufgang Uhr	M	Sonnen Untergang Uhr	M	Tagelänge St.	M	Nachtlänge St.	M
1	Phil. S. Wal.	Phil. Jac.	19	Hambyen	4	46	7	14	14.	28	9.	32
2	Siegmund	Athanasius	20	Silpitius	4	45	7	15	14.	30	9.	30
3	Erfindung	Erfindung	21	Anskarius	4	43	7	17	14.	34	9.	26
4	Florianus	Florianus	22	Georg	4	41	7	19	14.	38	9.	20
5	Gotthard	Gotthard	23	Adelbert	4	40	7	20	14.	40	9.	20
6	Dietrich	Joh. v. Pf.	24	Marcus	4	38	7	22	14.	44	9.	16
7	Gottfried	Stanislaus	25	Marcellus	4	37	7	23	14.	46	9.	14
8	Stanislaus	Mich. Erschd.	26	Claus	4	35	7	25	14.	50	9.	10
9	Hiob	Hiob	27	Anastasius	4	33	7	27	14.	54	9.	6
10	Gordian	Gordianus	28	Vitalis	4	32	7	28	14.	56	9.	4
11	Mamertus	Beatrix, J.	29	Sibylla	4	31	7	29	14.	58	9.	2
12	Pancratius	Pancrotius	30	Europius	4	30	7	30	15.	0	9.	0
1	Servatius	Servatius	1 May	Phil. Jac.	4	29	7	31	15.	2	8.	58
14	Christian	Corn. W.	2	Siegmund	4	28	7	32	15.	4	8.	56
15	Sophia	Diap.o, J.	3	Erfindung	4	26	7	34	15.	8	8.	52
16	Peregrin	Joh. Nep.	4	Florian	4	25	7	35	15.	10	8.	50
17	Torpetus	Torp. W.	5	Gotthard	4	23	7	37	15.	14	8.	46
18	Liborius	Venantius	6	Dietrich	4	22	7	38	15.	16	8.	44
19	Potentian	Petr. Col.	7	Gottfried	4	21	7	39	15.	18	8.	44
20	Athanasius	Bern. Sin.	8	Stanislaus	4	19	7	41	15.	22	8.	38
21	Prudens	Constantin	9	Hiob	4	18	7	42	15.	24	8.	36
22	Helena	Quirena J.	10	Gordian	4	17	7	43	15.	26	8.	34
23	Desiderius	Desiderius	11	Mamertus	4	16	7	44	15.	28	8.	32
24	Esther	Jonas	12	Pancratius	4	13	7	47	15.	34	8.	26
25	Urbanus	Urbanus	13	Servatius	4	12	7	48	15.	36	8.	24
26	Beda	Phil. Ner.	14	Christ.	4	11	7	49	15.	38	8.	22
27	Lucianus	Joh. P.	15	Sophia	4	10	7	50	15.	40	8.	20
28	Wilhelm	Germanus	16	Peregr.	4	9	7	51	15.	42	8.	18
29	Manillus	Maximus B.	17	Torpet.	4	8	7	52	15.	44	8.	16
30	Wigand	Manilius	18	Liborius	4	7	7	53	15.	46	8.	14
31	Petronella	Petronella	19	Potentian	4	7	7	53	15.	46	8.	14

Den 21sten tritt die Sonne in die Zwillinge — ☉ in ♊.

Monatstage	Namenstage cathol. Kal.	Namenstage des gregor. Kal.	Monatstage des alten Kal.	Namenstage des alten Kal.	Sonnen Aufgang Uhr	M.	Sonnen Untergang Uhr	N.	Tageslänge St.	M.	Nachtlänge St.	M.
1	Nicomedes	Fortunatus	20	Athanasius	4	6	7	54	15	48	8	12
2	Morqua.	Erasmus B.	21	Prudens	4	6	7	54	15	48	8	12
3	Erasmus	Floreldis	22	Helena	4	5	7	55	15	50	8	10
4	Carpasius	Carpasius	23	Desiderius	4	4	7	56	15	52	8	8
5	Bonifacius	Bonifacius	24	Dominicus	4	3	7	57	15	54	8	6
6	Benigna	Benignus	25	Urbanus	4	3	7	57	15	54	8	6
7	Lucretia	Robertus	26	Beda	4	2	7	58	15	56	8	4
8	Mcardus	Medardus	27	Lucianus	4	2	7	58	15	56	8	4
9	Primus	Prim Fel.	28	Wilhelm A.	4	1	7	59	15	58	8	2
10	Onophrius	Onophrius	29	Momilius	4	1	7	59	15	58	8	2
11	Barnabas	Barnabas	30	Wigand	4	1	7	59	15	58	8	0
12	Basilides	Basilides	31	Petronella	4	0	8	0	16	0	8	0
13	Tobias	Anton v. P.	1 Jun.	Theobaldus	4	0	8	0	16	0	8	0
14	Helisäus	Basilius	2	Marcellus	3	59	8	0	16	2	7	58
15	Veitus	Vitus, M.	3	Erasmus	3	59	8	1	16	2	7	58
16	Justina	Utgardis	4	Carpasius	3	59	8	1	16	2	7	58
17	Volkmar	Adolph	5	Bonifacius	3	59	8	1	16	2	7	58
18	Arnolphus	Marcus, M.	6	Benigna	3	9	8	1	16	2	7	58
19	Gervasius	Gervasius	7	Lucretia	3	58	8	2	16	4	7	56
20	Silverius	Silverius	8	Medardus	3	58	8	2	16	4	7	56
21	Albanus	Alonsius	9	Primus	3	58	8	2	16	4	7	56
22	Achatius	Achatius	10	Onophrius	3	58	8	2	16	4	7	56
23	Basilius	Edeltrud	11	Barnabas	3	58	8	2	16	4	7	56
24	Joh. Täuf.	Joh. Täufer	12	Basilides	3	58	8	2	16	4	7	56
25	Elogius	Elogius	13	Tobias	3	58	8	2	16	4	7	56
26	Jeremias	Joh. Paul.	14	Helisäus	3	59	8	1	16	2	7	58
27	Philippus	Ladislaus	15	Vitus	3	59	8	1	16	2	7	58
28	Leo Jos.	Leo, Papst	16	Justina	3	59	8	1	16	2	7	58
29	Petr. Paul.	Petr. Paul.	17	Volkmar	3	59	8	1	16	2	7	58
30	Pauli Ged.	Pauli Ged.	18	Arnolph	3	59	8	1	16	2	7	58

Den 20sten tritt die Sonne in den Krebs — ☉ in ♋ Sommers Anfang.

Monatstage M.	Namenstage des verbess. Kal.	Namenstage des Gregor. Kal.	Monatstage des alten Kal.	Namenstage des ältern Kal.	Sonnen Aufgang Uhr. M.	Sonnen Untergang Uhr. M.	Tageslänge St. M.	Nachtlänge St. M.
1	Theobald	Theodoricus	19	Servasius	4 0	8 0	16. 0	8. 0
2	Mar. Heimf.	Mar. Heimf.	20	Siberius	4 0	8 0	16. 0	8. 0
3	Cornelius	Eulogius	21	Alinus	4 1	7 59	15.58	8. 2
4	Ulrich	Ulrich	22	Ädtus	4 1	7 59	15.5	8. 2
5	Demetrius	Elisabeth	23	Basilius	4 2	7 58	15.56	8. 4
6	Esaias	Esaias, Pr.	24	Joh Täufer	4 ?	7 57	15 5	8. 6
7	Wilibald	Wilibald	25	Erdgius	4 3	7 57	15.54	8. 6
8	Kilian	Kilian	26	Samias	4 4	7 56	15.52	8. 8
9	Cyrillus	Cyrillus	27	Philippin	4 4	7 56	15.52	8. 8
10	Jaubina	7 Brüder	28	Los.	4 5	7 55	5.5	8. 10
11	Pius	Pius, Parst	29	Petri Paul	4 5	7 55	15 50	8. 10
12	Heinrich	Joh Gual.	30	Paul Ged.	4 6	7 54	15.48	8. 12
13	?	Heinrich	1 Jul.	Theodor	4 7	7 5?	15.4	8. 14
14	...vent.	Bonavent.	2	Mar. Heinf.	4 8	7 52	15 44	8. 16
15	Apost.T.	Apost. Theil.	3	Cornelius	4 9	7 51	15 42	8. 18
16	Ruth	Reliquien F	4	Ulrich	4 10	7 50	15 4	8. 20
17	Alexius	Alexius	5	Demetrius	4 10	7 49	15.38	8. 22
18	Maternus	Scap. Fest	6	Esaias	4 12	7 48	5.36	8. 24
19	Ruffina	Arsenius	7	Wiwibald	4 13	7 47	15.34	8. 26
20	Elias	Elias	8	Kilian	4 14	7 46	1..32	8. 28
21	Praxedes	Daniel, Pr.	9	Cyrillus	4 16	7 44	15 28	8. 32
22	Mar. Magd.	Mar. Magd.	10	Jacobina	4 17	7 43	15.26	8. 34
23	Apollinar.	Liberius	11	Pius	4 18	7 42	15 24	8. 36
24	Christina	Christina	12	Heinrich	4 19	7 41	15.22	8. 38
25	Jacob	Jacobus	13	Margarethe	4 21	7 9	15.18	8. 42
26	Anna	Anna	14	Bonavent	4 22	7.38	15 1	8. 44
27	Martha	Pantaleon	15	Apost. Theil	4 23	7 37	15. 4	8. 46
28	Pantaleon	Innocentius	16	Ruth	4 24	7 36	15.12	8. 48
29	Beatrix	Martha	17	Alexius	4 25	7 35	15 10	8. 50
30	Abdon	Abdon	18	Maternus	4 26	7 34	15. 8	8. 52
31	Thrasibulus	Ignatius V.	19	Ruffina	4 28	7 32	15. 4	8. 56

Den 23sten tritt die Sonne in den Löwen ♌ in ⊙ —

Monatstage	Namenstage des verbess. Kal.	Namenstage des gregor. Kal.	Monatstage des alten Kal.	Namenstage des alten Kal.	Sonnenaufgang Uhr M	Sonnenuntergang Uhr M	Tageslänge St. M	Nachtlänge St. M
1	Pet. Kettenf.	Petri Kett.	20	Elias	4 29	7 11	15. 2	8. 58
2	Gustav	Portiun ute	21	Praxedes	4 31	7 9	14.58	9. 2
3	August	Steph. Erf.	22	Mar. Magd	4 32	7 28	14.56	9. 4
4	Dominicus	Dominicus	23	Apollin.	4 33	7 27	14.54	9. 6
5	Oswald	Mar. Schm.	24	Christina	4 35	7 25	14.50	9. 10
6	Verkl. Chr.	Verkl. Chr.	25	Jacobus	4 36	7 24	14.48	9. 12
7	Donatus	Cajetanus	26	Anna	4 37	7 23	14.46	9. 14
8	Cyriacus	Cyriacus	27	Martha	4 38	7 22	14.44	9. 16
9	Erich	Domitian	28	Pantaleon	4 43	7 19	14.38	9. 22
10	Laurentius	Laurentius	29	Beatrix	4 43	7 17	14.34	9. 26
11	Hermann	Susanna	30	Abdon	4 15	7 15	14.00	9. 30
12	Clara	Clara	31	Thrasibul	4 46	7 14	14.28	9. 32
13	Hippolitus	Hippolitus	1 Aug.	Pet. Kettenf.	4 48	7 12	14.24	9. 36
14	Eusebius	Eusebius	2	Gustav	4 50	7 10	14.20	9. 40
15	Mar. Him.	Mar. Him.	3	Augustus	4 51	7 9	14.18	9. 42
16	Isaac	Rochus	4	Dominicus	4 53	7 7	14.16	9. 46
17	Verena	Liberatus	5	Oswald	4 54	7 6	14.12	9. 48
18	Agapetus	Helena	6	V. Christi	4 56	7 4	14. 8	9. 52
19	Sebald	Sebald	7	Donatus	4 58	7 2	14. 4	9. 56
20	Bernhard	Bernhard	8	Cyriacus	4 59	7 1	14. 2	9. 58
21	Hartwig	Cyriaca, J.	9	Erich	5 0	7 0	14. 0	10. 0
22	Symph.	Symphorig	10	Lorenz	5 2	6 58	13.56	10. 4
23	Zachäus	Phil. B.	11	Hermann	5 3	6 57	13.54	10. 6
24	Bartholom.	Bartholom.	12	Clara	5 5	6 55	13.50	10.10
25	Ludwig	Ludwig	13	Hippolitus	5 7	6 53	13.46	10.14
26	Samuel	Zepherius	14	Eusebius	5 8	6 52	13.44	10.16
27	Gebhard	Gebhard	15	Mar. Him.	5 10	6 50	13.40	10.20
28	Augustinus	Augustinus	16	Isaac	5 12	6 48	13.36	10.24
29	Joh. Enth.	Joh. Enth.	17	Verena	5 14	6 46	13.32	10.28
30	Rebecca	Rosa, J.	18	Agapetus	5 16	6 44	13.28	10.32
31	Paulinus	Raimund	19	Sebald	5 17	6 43	13.26	10.34

Den 23sten tritt die Sonne in die Jungfrau ☉ in ♍

Monatstabelle für den September.

Monatstage	Namenstage des verbeß. Kal.	Namenstage des gregor. Kal.	Monatstage des alten Kal.	Namenstage des alten Kal.	Sonnen Aufgang		Sonnen Untergang		Tageslänge	Nachtlänge
					Uhr	M.	Uhr	M.	St. M.	St. M.
1	Egydius	Egydius	20	Bernhard	5	19	6	41	13.22	10.38
2	Absalon	Stephan K.	21	Hartwich	5	21	6	39	13.18	10.42
3	Mansuetus	Seraphia, J	22	Simphor.	5	23	6	37	13.14	10.46
4	Moses	Rosalia	23	Zachäus	5	25	6	35	13.10	10 0
5	Hercules	Victorin.B.	24	Bartholom.	5	27	6	33	13. 6	10.54
6	Magnus	Zacharias	25	Ludwig	5	29	6	31	13. 2	10.58
7	Regina	Regina	26	Samuel	5	30	6	30	13. 0	11. 0
8	Mar. Geb.	Mar. Geb.	27	Gebhard	5	32	6	28	12.56	11. 4
9	Gorgonius	Gorgonius	28	Augustin	5	34	6	26	12.52	11. 8
10	Jobst	Nicol. Tol.	29	Joh. Enth.	5	36	6	24	12.48	11.12
11	Prothus	Prot. Hya.	30	Rebecca	5	38	6	22	12.44	11.16
12	Syrus	Tobias, B.	31	Paullinus	5	40	6	20	12.40	11.20
13	Amatus	Maxilius	1 Sept.	Egidius	5	41	6	19	12.38	11.22
14	† Erhöhung	† Erhöhung	2	Absalon	5	43	6	17	12.34	11.26
15	Nicodemus	Rogerius	3	Mansuetus	5	45	6	15	12.30	11.30
16	Euphamia	Corn. Cyp.	4	Moses	5	47	6	13	12.26	11.34
17	Lampertus	Fram.Wun.	5	Hercules	5	49	6	11	12.22	11.38
18	Titus	Thom.v.B.	6	Magnus	5	51	6	9	12.18	11.42
19	Micleta	Januarius	7	Regina	5	53	6	7	12.14	11.46
20	Fausta	Eustachius	8	Mar. Geb.	5	55	9	5	12.10	11.50
21	Matthäus	Matthäus	9	Gorgonius	5	56	6	4	12. 8	11.52
22	Moriz	Moriz	10	Jodocus	5	58	6	2	12. 4	12.56
23	Tecla	Linus P.	11	Protus	6	0	6	0	12. 0	12. 0
24	Gerhard	Gerhard	12	Syrus	6	2	5	58	11.56	12. 4
25	Cleophas	Cleophas	13	Amatus	6	3	5	57	11.54	12. 6
26	Cyprianus	Cyprianus	14	† Erhöh.	6	5	5	55	11.50	12.10
27	Cosm. D.	Cos. Domi.	15	Nicodemus	6	7	5	53	11.46	12.14
28	Wenceslaus	Wenceslaus	16	Euphamia	6	9	5	51	11.42	12.18
29	Michael	Mich. E. E.	17	Lampertus	6	11	5	49	11.38	12.22
30	Hieronymus	Hieronymus	18	Titus	6	13	5	47	11.34	12.26

Den 23sten tritt die Sonne in die Waage ☍ ☉ ≏ 4. Herbsts Anfang.

Monatstage	Namenstage des protest. Kal.	Namenstage der griech. Kal.	Monatstage des alten Kal.	Namenstage des alten Kal.	Sonnen Aufgang Uhr / M.		Sonnen Untergang Uhr / M.		Tageslänge St. / M.		Nachtlänge St. / M.	
1	Remigius	Remigius	19	Micleta	6	15	5	45	11	30	12	30
2	Leodegardus	Leodegarus	20	Fausta	6	16	5		11	28	12	2
3	Jairus	Candi	21	Matthäus	6	18	5		1	24	11	36
4	Franciscus	Francisc.	22	Mauritius	6	19	5		11	22	12	38
5	Placitus	Placidus	23	Tecla	6	20	5		11	20	12	40
6	Fides	Bruno	24	Gerhard	6	22	5	38	11	16	12	44
7	Amalia	Mares	25	Kleophas	6	24	5	36	11	12	12	48
8	Pelagius	Brigna	26	Cyprionus	6	26	5	34	11	8	12	52
9	Dionysius	Dion	27	Cos. Dam.	6	28	5	32	11	4	12	56
10	Gideon	Franc. Ser.	28	Wenceslaus	6	30	5	30	11	0	13	0
11	Burkhard	Emilianus	29	Michael	6	31	5	29	10	58	13	2
12	Maximilian	Maximilian.	30	Hieronimus	6	33	5	27	10	54	13	6
13	Colomann.	Colomann.	1 Oct.	Remigius	6	35	5	25	10	50	13	10
14	Calixtus	Burkard	2	Leodegard	6	37	5	23	10	46	13	14
15	Hedwig	Theresia	3	Jairus	6	39	5	21	10	42	13	18
16	Gallus	Gallus	4	Franciscus	6	41	5	19	10	38	13	22
17	Florent.	Hedwig	5	Placidus	6	43	5	17	10	34	13	26
18	Lucas	Lucas	6	Fides	6	44	5	16	10	32	13	28
19	Ferdinand	Ferdinand	7	Amalia	6	46	5	14	10	28	13	32
20	Wendelin	Wendelin	8	Pelagius	6	48	5	12	10	24	13	36
21	Ursula	Ursula	9	Dyonisius	6	50	5	10	10	20	13	40
22	Cordula	Cordia	10	Gideon	6	52	5	8	10	16	13	44
23	Severin	Severinus	11	Burkhard	6	53	5	7	10	14	13	46
24	Salome	Raphael	12	Maximilian	6	55	5	5	10	10	13	50
25	Crispinus	Crispinus	13	Colomann.	6	57	5	3	10	6	13	54
26	Amand.	Evaristus	14	Calixtus	6	58	5	2	10	4	13	56
27	Sabina	Sabina	15	Hedwig	7	0	5	0	10	0	14	0
28	S. Jud.	Simon Jud.	16	Gallus	7	2	4	58	9	56	14	4
29	Narcissus	Narcissus	17	Florentius	7	4	4	56	9	52	14	8
30	Hartmann	Marcellus	18	Lucas	7	5	4	55	9	50	14	10
31	Wolfgang	Wolfgang	19	Ferdinand	7	7	4	53	9	46	14	14

Den 23sten tritt die Sonne in den Scorpion — ☉ in ♏. Sommers Anfang.

Monatstabelle für den November.

Monatstage	Namenstage des neuen Kal.	Namenstage des neuen Kal.	Monatstage des alten Kal.	Namenstage des alten Kal.	Sonnen Aufgang Uhr M.	Sonnen Untergang Uhr M.	Tagslänge St. M.	Nachtlänge St. M.
1	Wolfgang	Aller Sel.	20	Wendelina	7 9	4 51	9 42	14 18
2	Aller Seel.	Aller Seel.	21	Ursula	7 10	4 50	9 4	14 20
3	Gottlieb	Hubertus	22	Cordula	7 12	4 48	9 6	14 24
4	Emericus	Carl Bor.	23	Severin	7 14	4 46	9 32	14 28
5	Blandina	Emericus	24	Salome	7 15	4 45	9 3	14 30
6	Leonhard	Leonhard	25	Crispinus	7 17	4 43	9 26	14 34
7	Erdmann	Engelbertus	26	Amandus	7 19	4 41	9 22	14 38
8	4 Gekrönt.	Gottfried	27	Sabina	7 20	4 40	9 20	14 40
9	Theodor	Theodor	28	Sim. Jud.	7 22	4 38	9 16	14 44
10	Probus	Triphonius	29	Narcissus	7 23	4 37	9 14	14 46
11	Martinus	Martin B.	30	Hartmann	7 25	4 35	9 10	14 50
12	Jonas	Martin P.	31	Wolfgang	7 27	4 33	9 6	14 54
13	Briccius	Stanislaus	1 Nov.	Aller Heil.	7 28	4 32	9 4	14 56
14	Levinus	Serapion	2	Aller Seel.	7 29	4 31	9 2	14 58
15	Leopold	Leopold	3	Gottlieb	7 31	4 29	8 58	15 2
16	Ottomar	Erdmund.	4	Emericus	7 32	4 28	8 56	15 4
17	Hugo	Gregor, Th.	5	Blandina	7 34	4 26	8 52	15 8
18	Otto Eug.	Otto Eug.	6	Leonhard	7 35	4 25	8 50	15 10
19	Elisabeth	Elisabeth	7	Erdmann	7 37	4 23	8 46	15 14
20	Amos	Felix v. B	8	4 Gekrönt.	7 38	4 22	8 44	15 16
21	Mar. Opf.	Maria Opf.	9	Theodor	7 9	4 21	8 42	15 18
22	Cäcilia	Cäcilia	10	Probus	7 41	4 9	8 38	15 22
23	Clemens	Clemens	11	Martin	7 42	4 18	8 36	15 24
24	Chrysog.	Chrysog.	12	Jonas	7 43	4 17	8 34	15 26
25	Katharina	Katharina	13	Briccius	7 44	4 16	8 32	15 28
26	Konrad	Konrad	14	Levinus	7 45	4 15	8 30	15 30
27	Busso	Virgilius	15	Leopold	7 46	4 14	8 28	15 32
28	Günther	Rufus	16	Ottomar	7 47	4 13	8 26	15 34
29	Noah	Saturnin	17	Hugo	7 49	4 12	8 22	15 38
30	Andreas	Andreas	18	Otto Eug.	7 50	4 10	8 20	15 40

Den 22sten tritt die Sonne in den Schützen — ☉ in ♐

Monatstage	Namenstage des verbeff. Kal.	Namenstage des gregor. Kal.	Monatstage des alten Kal.	Namenstage des alten Kal.	Sonnen Aufgang		Sonnen Untergang		Tageslänge		Nachtlänge	
					Uhr.	M.	Uhr.	M.	St.	M.	St.	M.
1	Longinus	Elegius, B.	19	Elisabeth	7	51	3	9	8.	18	15	42
2	Candita	Bibiana J.	20	Amos	7	52	4	8	8.	16	15	44
3	Cassianus	Franc. Lav.	21	Mar. Opf.	7	53	5	7	8.	14	15	46
4	Barbara	Barbara	22	Cäcilia	7	54	4	6	8.	12	15	48
5	Abigail	Sal'as A.	23	Clemens	7	56	4	4	8.	8	15	52
6	Nicolaus	Nicolaus	24	Chrysog.	7	57	4	3	8.	6	15	54
7	Agathen	Am rosius	5	Katharina	7	57	4	3	8.	6	15	54
8	Mar. Empf.	Mar Empf.	29	Konrad	7	58	4	2	8.	4	15	56
9	Joachim.	Leocadia, J.	27	Busso	7	59	4	1	8.	2	15	58
10	Judith	Judith	28	Günther	8	59	4	1	8.	2	15	58
11	Damasius	Damasus	29	Noah	8	4	4	0	8.	0	16.	0
12	Epimachus	Epimachus	30	Andreas	8	4	4	0	8.	0	16.	0
13	Lucia	Lucia Jgfr.	1 Dec.	Longinus	8	0	4	0	8.	0	16.	0
14	Nicasius	Nicasius	2	Candida	8	1	3	59	7.	58	16.	2
15	Ignatius	Jrenäus	3	Cassianus	8	1	3	59	7.	58	16.	2
16	Ananias	Albina J.	4	Barbara	8	1	3	59	7.	58	16.	2
17	Lazarus	Lazarus	5	Abigail	8	2	3	59	7.	58	16.	2
18	Wunibald	Gratianus	6	Nicolaus	8	2	3	58	7.	56	16.	4
19	Abraham	Nemesius	7	Agathon	8	2	3	58	7.	56	16.	4
20	Ammon	Christian	8	Mar. Empf.	8	2	3	58	7.	56	16.	4
21	Thomas	Thomas	9	Joachim	8	2	3	58	7.	56	16.	4
22	Beata	Zeno	10	Judith	8	2	3	58	7.	56	16.	4
23	Dagobert	Victoria	11	Damasius	8	2	3	58	7.	56	16.	4
24	Adam Eva	Adam Eva	12	Epimachus	8	2	3	58	7.	56	16.	4
25	Weyn. Fest.	H. Christtag	13	Lucia	8	2	3	58	7.	56	16.	4
26	Stephan	Steph. M.	14	Nicasius	8	2	3	58	7.	56	16.	4
27	J. Evang.	Joh. Evan.	15	Ignatius	8	1	3	59	7.	58	16.	2
28	Uns. Kindl.	Unsch. Kind.	16	Ananias	8	1	3	59	7.	58	16.	2
29	Jonathan	Thomas B.	17	Lazarus	8	1	3	59	7.	58	16.	2
30	David	David K.	18	Gratian	8	1	3	59	7.	58	16.	2
31	Silvester	Silvester	19	Abraham	8	0	4	0	8.	0	16.	0

Den 22sten tritt die Sonne in den Steinbock — ☉ in ♑ Winters Anfang.